人生のナビ！

四柱推命

村岡寛萃 著

セルバ出版

はじめに　四柱推命の中には成功の鍵が隠されている

私が四柱推命を学んできて痛烈に感じることは、「人は成功するために生まれて来てるんだ」ということ。その人が持って生まれた性格や才能、宿命、流れをズバリ言い当てることができるのが最大特徴です。

そして、それを実生活で活かせてこそに重きを置き、とにかく運気アップにこだわった流派の1つが私の関わっている鳥海流です。

さらに、類書では、干支のことの説明などが多かったり、干支早見表的なものがついていたりするものが多いですが、本書ではそちらはありません。

今まで、素人で四柱推命のお好きな人が読んで難しかったという声を多数いただき、そんな人たちにお応えする形で本書を出版することにいたしました。

鳥海流では、推命ナビというものを使い、誰でもが簡単にスピーディーに自分の命式を出せるというの特徴としています。推命ナビについては、本書の中で解説いたします。

本書を通じて、1人でも多くの人が成功への第1歩へのきっかけになっていただければ、これほどの喜びは他にはありません。

２０２０年11月

村岡　寛萃

人生のナビ！　四柱推命―人間関係、仕事、恋愛、健康すべての悩みが解決する　目次

はじめに

第1章　私の四柱推命　ビフォーアフター

1　平凡な少年期、自暴自棄な青年期、そして四柱推命に出会うまで・10
2　占いなんて!!・14
3　四柱推命は統計学（生年月日と生まれた時間でみる）と知った驚き・16
4　そして、流れが大きく変わってきた！・18
5　過去に起きたことを四柱推命と照らし合わせると面白くなる・19
6　やがて自分の使命感も見えてきた！・21

第2章　あなたが四柱推命を知っているだけで得をすること

1　自分のことが好きになる・24

2　流れを知って後悔をなくすことができる・25
3　勝負の時期がわかる・28
4　人と付き合う時間を減らすことができる・30
5　運気の上げ方がわかる・32
6　恋愛での失敗がなくなる・36
7　人に優しくなれる・37
8　自分の可能性を信じられる・38
9　運命を変えることができる・40

第3章　簡単な四柱推命でそれぞれの特性を知ろう！

1　四柱推命は簡単！　10パターンで自分のことがスッキリわかる・44
2　甲の人の特性・44
3　乙の人の特性・46
4　丙の人の特性・48
5　丁の人の特性・50
6　戊の人の特性・51

7 己の人の特性・53
8 庚の人の特性・55
9 辛の人の特性・56
10 壬の人の特性・58
11 癸の人の特性・59

第4章 四柱推命10パターンであなたの運を上げよう！

1 甲の人の運気アップ・62
2 乙の人の運気アップ・63
3 丙の人の運気アップ・64
4 丁の人の運気アップ・66
5 戊の人の運気アップ・67
6 己の人の運気アップ・68
7 庚の人の運気アップ・69
8 辛の人の運気アップ・70
9 壬の人の運気アップ・71

10　癸の人の運気アップ・72
11　すべての人に当てはまる数字の運気アップ・74
12　通変星は主星を大事にするだけでも違う・77
13　十二運星の月柱を大事にするだけでも違う・78

第5章　四柱推命を活かしているのはどんな人

1　四柱推命はある意味外れている!?・84
2　成功者は見えない力を大事にしている人・87
3　持って生まれた才能を開花できる人・88
4　リーダーシップが発揮できる人・90
5　楽しく笑って過ごす人・92
6　偶然はないと信じている人・94
7　感の鋭い人・96
8　結果にコミットする人・97
9　知っているだけで人生が楽しくなる秘密とは・98

第6章　四柱推命を活用して人間関係を良好にし数倍楽しい人生を！

1　神様からのメッセージ〜人は成功するために生まれてきている・102
2　恋愛でいい出会いを〜運命の人はご祖先様たちが繋いでくれている・104
3　仕事で最高のパフォーマンスを発揮する〜流れなどを知ることが大事・108
4　体の健康を大事に〜自分に合った食事やダイエット法で元気に・110
5　経済的な豊かさが手に入る〜貧乏神がつかなくなることで豊かに・113
6　ストレスフリーになる〜嫌な人と付き合わないことでハッピーに・115
7　脳が活性化する〜ポジティブな考え方になっていく・117
8　潜在能力を活かせる〜もともと持っている力を出せる・118
9　人助けは最高の運気アップ〜人は誰かを助ける役割を持っている・120
10　最後は人間性〜あなただからと言われるような魅力的な人間力・122
11　占いに頼らないで〜占いで全部自分の人生を決めない・123

あとがき

「推命ナビリンク」のご案内・127

第1章　私の四柱推命　ビフォーアフター

1　平凡な少年期、自暴自棄な青年期、そして四柱推命に出会うまで

何か役に立ちたい

私は、山口県山口市の田舎町の一般的なサラリーマン家庭の長男として生まれました。小さい頃は、小児喘息を患っていて、平凡というよりはどちらかというと暗い幼少期でした。

特に何が得意というわけでもなく、何となく学生時代も過ごしていました。ただ、漠然と、人に何か役には立ったほうがいいかなくらいは思い、自分が幼少期病弱だったこともあり、お医者さんになれたらいいなくらいは思ったことがありました。

しかし、当然、特別学力があるわけでもなく、そんな夢はすぐに諦めてしまいました。

俳優になろう

徐々に大人に近づいてくるにつれ、将来どんな仕事につこうかなと思ったとき、カッコイイ仕事がいいなと思い、芸能人はカッコイイし憧れるなー「そうだ俳優さんになろう」と、高校2年生のときに何となく決めました。

そこから、まず有名になるには、こんなド田舎の山口では厳しいと思い、高校を卒業したら東京に行くことにしました。

とりあえず、東京の八王子にある帝京大学の経済学部に入りました。ただ、大学生活は思った以上に楽しく、俳優業のことはそっちのけで遊ぶことばかりになってしまいました。

そんな中、ある先輩に、「こんなダラダラ大学生活送ってて俳優なんてなれるわけないだろう。大学なんてやめてしまえ」と言われ、やめる決断をしました。

そこから無名の劇団に入り、バイトと稽古に明け暮れていました。そんな毎日を繰り返しているときのある日、劇団の先輩と飲みに行きました。そのときにした質問で一番印象的なことがありました。

「どうやったら売れっ子になれるんですか?」、「それは華だよ」という回答でした。「華??」、「それはどうしたらできるんですか?」、「とにかく頑張っている人に華が出てくるんだよ??」でした。

先輩は、私より年長でしっかり頑張っているように見えていました。しかし、申し訳ないですが、華が出てくる気配のかけらも感じませんでした。ここにいては次のステージに行くの難しいと感じました。

バイトでホストクラブに入店

そう感じた私は、とりあえずバイトを変えようと思いました。当時は社員食堂で皿洗いのバイトをしていました。そこでは、同じような作業を繰り返し、特に何の刺激もない代わり映えしない毎日でした。多分このままでは何も変わらないと考え、あるバイト雑誌を開いていたときに、「俳優の卵ここに集う」という見出しを見たとき、「お！　これだ」とピンときました。

見つけたのは、ホストクラブの募集の記事でした。ここでチャンスを掴むんだと心に刻み、軽い気持ちで六本木のホストクラブに入店しました。

とても華やかな世界で、いろいろ人生楽しくなりそうだなー　きっとここでいい人にも出会えてデビューできるんるだろうなとも思っていました。

そんな思いとは裏腹に、とても厳しい世界で、すぐにやめたくなりました。１００名以上いるプレイヤーの中の人気者になるなんて到底不可能だと思いました。しかし、ある仲のいいプレイヤーから、「ここで売れなかったら芸能界で生きるなんて絶対無理だよ」と諭され、もう少しやってみることにしました。

結局、２年近くやり、今となってはいい経験をしたと思ってますが、最終的にはそれなりにお金もある程度入り、日々が楽しく過ごしていました。当時流行っていたノストラダムス大予言によれば、世の中もいつなくなるかわからないし、別に人生このまま長く生きていいてもロクなこともないから、体のことも気遣うこともなく、夢を忘れやさぐれていました。

転機

そんな夜の仕事を辞めるきっかけをくれたのが、１人目の妻でした。妻は、六本木のクラブで働き、私と一緒で特に夢もなく日々楽しく過ごすことに一生懸命でした。

そんな妻にある日、子供ができました。

彼女は、前から子供が欲しいいんだと言っていました。以前に1年だけ保育士の仕事もしていたそうです。

当時の私は、結婚する気や家庭を持つという実感もなく、ただ責任をとるということで頭が一杯でした。

まともな社会経験がない私が、どうやって夜の世界をやめて生活していくんだと不安でしたが、彼女の小さな夢を叶えてあげようと思い、ここが決断時かなと思いサラリーマンに転身し、新たな生活を歩んでいくことにしました。

その後は、何とか家庭をうまく円満にやっていことに努力はしていたものの、空回りし、妻とはケンカも増え、別居したり、最終的には事故で妻を亡くしてしまいました。

これまでの人生を見てわかるとは思いますが、普通の生活が向いてないのです。

四柱推命に出会ってからも再確認するんですが、サラリーマンをずっと続けることもできるわけもなく、２０１１年の8月に会社を辞め、個人事業主として独立し、翌年には会社も設立させました。

人生の楽しさを見つける一歩が四柱推命になるとは、このときは知る由もありませんでした。

2　占いなんて!!

四柱推命との出会い

　四柱推命と出会ったのは２０１２年。今から約8年前のことでした。ある経営者団体の集まりで、現在の師匠、鳥海伯萃先生と出会ったのです。色黒で、何て怪しい人だ。「占い、四柱推命？　何だそれは？」――それが最初の印象でした。

　当時は、動物占いや手相、星占い、すべて一緒に見えていました。占いなんて、所詮まやかし、気休めなんだろうとしか思ってませんでした。まさか自分自身が四柱推命に夢中になり、虜になるなんて、このときは微塵も感じることもなく、占い師が事業の1つになるなんて思いもしませんでした。

　師匠とは、その後、特に特別な付合いがあるわけでもなく、たまに経営者団体の集まりで挨拶を交わしたり、複数で飲みに行ったりする程度でした。当時、私からは、師匠はいつも適当にやっているように見えていました。ですが、なぜか人から感謝され、なぜこんなに信頼されているのか不思議でした。

　私の思っている占い師のイメージというのとは、何かが違うのではないかと心の奥底では思っていました。

周りからの感謝の例

師匠が周りから感謝されている例は、次のようなものです。

結婚相談所をやっている人から、師匠の占いを取り入れてとても売上が好調だということでした。

何より圧倒的な成婚率で、お客様に大変喜ばれているとも聞きました。

また、師匠の占いを取り入れている保険屋さんからは、どんどん紹介が来るようになったなどと喜びの声を聞いていました。

それでも、私は、四柱推命の凄さには、ほとんどといっていいほど気づいてはいませんでした。

師匠に相談

師匠のこんな評判や師匠への喜びの声が聞き流れてくる中、２０１５年当時ですが、私が力を入れてやっていた事業の売上は、伸び悩んできていました。先行きが不安だなと思っていたのを鮮明に覚えています。

何か今の業態だけでは心配だ、不安だとしきりに考えるようになっていき、２０１６年になって師匠に相談の時間をとってもらうことにしました。

しかし、１度目の相談日はうまく調整がつかず、流れてしまいました。そのときは、四柱推命との縁もないのかなと思ってしまいました。

その後、師匠から、「何かあったの？　俺で力になれることあるなら」と優しいお言葉をわざわざかけていただき、個別でお話しさせていただくことになりました。

四柱推命に対する気持ちの熱さを感知

「正直今のままでは、苦しいのは見えてきているので、どうしたらいいですか？」と、単刀直入にお聞きしたところ、「きっと健康関係の仕事にも活かせる四柱推命を取り入れたら相乗効果が上がると思うよ」とのことでした。

当時、健康関係の仕事に力を入れていた私には、四柱推命と健康が何の関連があるかも連想できませんでした。しかし、「四柱推命は、人の命をも救う可能性のある誇れる仕事なんだよ」という言葉は、とても印象深かったのです。

とはいえ、正直言って、占いや四柱推命にはさほどの興味はありませんでした。しかし、師匠の四柱推命に対する気持ちの熱さは本物だと感じ、真面目に勉強してみようと強く思ったのです。

3　四柱推命は統計学（生年月日と生まれた時間でみる）と知った驚き

昔からあり的中率が高い

四柱推命は、太古の中国で生まれ、「陰陽五行説」を応用して日本で伝承されているものと教わり、しかも学問の1つなんだと知って驚きました。

占いとはいえ、ちゃんとした根拠があり、莫大なデータをもとにお話ができるすごいものなんだとわかりました。

占いは、皆一緒だと思っていませんか。実は、大きく次の３つの種類に分かれます。

卜《ぼく》占といってタロットや易のようなスピリチュアルな要素が強いもの。相占といって手相、顔相、印相、家相のように時期とか過ごし方によって変わるもの。もう1つは命占といって気学、西洋占星術、姓名判断、そして四柱推命もここです。

命占は、基本は生まれながらに変わらないものです。どれが悪いとかはないですが、四柱推命は一番根拠が出しやすいものだなと思ってます。

毎日、皆さんが見ている天気予報のように、自分の性格や運気流れを知ることで、いわば人生の天気予報のように使えるんです。

ただし、莫大なデータ、それがゆえに計算方法が大変だというのが難点ですが、鳥海流ではすべてデータを網羅した推命ナビという画期的なものが使えるということなので、経験が普通の流派より早くできるとのことです。加えて、流派として、生まれ時間はそこまで重視しないでやれるので、さらにやりやすいと感じました。

※鳥海流の推命ナビとは、ネットを使って簡単に自分の命式を見れる簡易版の無料で使えるものですが、これを巻末にQRコードとURLを用意していますので後でご確認ください。

しかも、外国人でも当たるという優れもの、さらに動物などにも応用できたりもするということで、たくさんの人を幸せにできるんだという喜びに満ちあふれました。

また四柱推命は、算命学を基に算出もされていたりと、いいとこ取りされている言わば占いの最終形態的なのかと思います。四柱、つまり生まれた時間、日、月、年よってその人の運命が隠されていますということなんですが、時間がなくても、今生きている中の重要な部分の的中率はほとんど変わりません。

師匠曰く、「相手のことを考える化学」なんだということを聞いたとき、これは本物だと感じました。

4　そして、流れが大きく変わってきた！

運を動かすのは運動

四柱推命を取り入れて大きく変わり始めたのは、50名以上鑑定し終わった頃でした。

最初は、まだまだ勉強のためと思って、無料で観させてもらっていました。次第に「こんな勇気をもらったのは初めてです。気持ちだけでもお金を受け取ってください」、「友達10人くらい呼ぶので事務所に来てください」などと言われるようになっていきました。

そんな人が喜ぶ姿を見て、だんだんと楽しくなっていきました。すぐに講師資格も取り、私自身も半年くらいで毎月のように四柱推命をやりたいんですという生徒さんを取るようになっていきました。

人は、運を動かすのに運動することが大事。特に私自身それが大事と知り、毎日のようにウォーキングやトレーニング、時にプール、ゴルフなどすることを心がけました。また、運動といっても年齢的に厳しい方などいらっしゃると思いますが、お掃除も大きくいうと運動です。私は毎日のようにトイレ掃除はするように今でもしています。

流れは、ほとんど人が運んできます。その付き合う人で流れが変わってきます。今まで出会えなっかた億万長者の人と知り合いになったり、各界の著名な人と知合いになれたり、そんな素敵な人たちなので、当然自分自身が楽しい人生が送れるようになってきました。

5　過去に起きたことを四柱推命と照らし合わせると面白くなる

運が悪いのかなと思ったことも

私の過去のことを例に挙げて少しお話させていただきます。私は、幼少期、小児喘息でとても辛い思いをしました。

晦気といって、病気などに悩まされる時期は0歳でした。その後の天中殺の3年で病気に悩みました。夜の商売で、売上がどんどん上がっていったのは、飛躍のとてもいい時期でした。そして、結婚時期も悪くなかったのですが、マンションを買った時期がよくなかったんです。天中殺時期に買ってしまいました。

一般的に、その時期は、家を購入するのはご法度中のご法度です。そんな時期に買ってしまったので、災難が起こるのは当たり前。20代で妻を亡くしてしまうなんてことになってしまったんです。

四柱推命を始める時期としては最高の時期

その後は、大運といういい時期に独立して、いい流れでしばらくは来ていたんですが、流れが悪くなる天中殺の始まりに四柱推命に出会ってます。四柱推命を始める時期としては最高の時期でした。

天中殺中は、世のため人のためが基本の時期なので、多くの人を幸せに導くことに取り組むのに絶好です。まさに四柱推命に出会う前までは、私は運が悪いのかもしれないとも思ったことが何度もありました。

過去と照らし合わせていくと、あの時この時期だったからそうなのかと答え合わせができ、未来に活かすことができます。まさに天気予報、もちろん100%ということではないのですが、かなり精度は高いです。80%近くは当たっていることが多いです。

自分は、運が悪いなとか、何でこんなついてないのかなと思う人も多いでしょう。それは、時期が悪かったり、その時期にしてはいけないことをしていたりするからです。だから、あらかじめ準備しておけば、そんなに酷いことにはならないことが多いです。

もし、雨が降る可能性が高いとわかっていたら、傘を持って行きますよね。人生もそれと一緒です。だから、未来が面白くなる可能性が高いんです。

6　やがて自分の使命感も見えてきた！

人生の目的

四柱推命で様々な人と出会い、たくさんの感謝の言葉もらい、とてもやりがいや楽しさを感じています。その一部を少しご紹介させていただきます。

・鑑定をさせていただき占いに興味を持ってもらったOさん

自分自身も四柱推命を勉強し、本業の不動産営業を退職して、今では人気占い師として大活躍されています。

しかも、結婚もして、お子さんも授かり、幸せ一杯で毎日楽しんでいる様子です。

・定期的に観ている不動産会社Ｋさん

最初は、半信半疑で関わっていた様子ですが、１度大きな取引がうまくいくきっかけをつくってからは、定期的な信頼関係が築け、今だにこのコロナの時期も大きな影響もなく切り抜けています。

　会社の旅行にも招待され、非常に喜ばれています。

・地方在住で居酒屋の店員をしていたAさん

　趣味で手相をやっていましたが、四柱推命も取り入れて居酒屋を卒業、地方のいろいろな場所に呼ばれる人気者になり、本当に人生が変わりましたといつも喜びの連絡をいただいています。

　本当に、挙げたらきりがないほど喜びの声はたくさんあります。人の人生って楽しいことばかりではないです。ただ、ご縁のあった人を喜びに導き、悩み解決をすることには役に立っているって感じですね。もともと特に特殊な能力があるわけではない私でも、社会に役に立てている感じがします。

　四柱推命の大事な部分に正官という字があります。社会貢献をする、社会の王道を行く的な意味があり、このことから私は人に夢と勇気を与えることで、あなたに会えてよかったっていう終わり方をしたいな思うようになって来ました。
　自分が生まれて来た本来の意味すらわからず、亡くなっていく人も結構いるのではないでしょうか。そんな人たちの手助けが少しでもできたら嬉しいとも思って、今回、本書を書くことにしました。

第2章　あなたが四柱推命を知っているだけで得をすること

1　自分のことが好きになる

自分の価値を知る

自分のことが好きですか？　私のところに来るほとんどの人は、そうではない人が多いように思います。いろいろな要因があるとは思いますが、数々の失敗から自信を失くしたり、身内から罵倒されたり、いくら頑張っても認めて貰えなかったりなど、何をやってもうまくいかないんだと悩んでいる人に多いのではないでしょうか。四柱推命的に完璧な人も、生まれながらに最悪な人もいません。

ある相談者が、「私は何をやってもうまく行かず、今後どのように生きたいのかもわかりません」みたいな感じで来られました。仕事にも楽しさを見出せず、恋愛もうまく行かないというのです。

そこで、「あなたには、劫財＋帝旺という素晴らしい星があるので、工事現場の仕事を独立して起業したらいいですよ。まずは男は仕事が大事ですから、しっかり一生懸命、働きさえしていれば来年恋愛運もとてもいいので、いい人に出会えますよ」と、具体的かつ的確なアドバイスをしたところ、１年後くらいにお礼のメールが来ました。「今、独立し、順調に仕事もして、彼女もできました」ということでした。

人それぞれよさがあり、そのよさを引き出すことさえできれば、皆自分が好きになると思います。

人と比べる必要もないですし、まず全く一緒の星ってそうそういませんので、そもそも他人と比べてどうとかはあまり意味がないです。

人は、必ず誰かの役に立つために生まれてきてます。そこに気づき、自分の存在価値があるんだと気づかせてくれるきっかけになるのが、四柱推命です。まさに自分に恋ができる科学なんです。

2　流れを知って後悔をなくすことができる

マイナスな流れを避ければいい流れが来る

四柱推命は、簡単にいうと12年周期でサイクルを繰り返します。こちらを知っているかいないかだけでも、人生のターニングポイントや転機を知り、運気をプラスに変えられます。

図表１の私の鑑定書を使って解説していきましょう。

日柱に癸未と書いてあります。こちらは、人それぞれ違うので個々に巻末の推命ナビでご確認ください。ここに入る字が60パターンありますので、そちらが12のグループに分かれます。

まずは、私の字が入るグループで解説していきます。

図表2を参考に当てはめてください。乙亥、丁丑、己卯、辛巳、癸未の人は、２０２０年は進化の時期です。図表2は、２０２０年は夜明けの時期になってますが、そこを１つずらしていくと、ここのグループの人は、２０２１年は決意の時期になります。単純に12年周期なので、順番になり、

【図表１　私の鑑定書】

1978年 5月 21日 (10時0分) 生 男性				
天中殺	日柱	月柱	年柱	
申酉	-水 癸未 -土	-火 丁巳 -火	+土 戊午 +火	干支
子丑				
	20	54	55	
	己	丙	己	蔵干
		偏財	正官	通変星
	偏官	正財	偏官	蔵干通変星
	墓	胎	絶	十二運星
9	5	3	1	運勢エネルギー

１２年後の２０３２年には同じ進化の時期となります。

他のグループも解説しておきます。

・甲子、丙寅、戊辰、庚午、壬申の人は、
２０２０年は夜明けの時期

・乙丑、丁卯、己巳、辛未、癸酉の人は、
２０２０年は殺の時期

・甲戌、丙子、戊寅、庚辰、壬午の人は、
２０２０年は決意の時期

・甲申、丙戌、戊子、庚寅、壬辰の人は、
２０２０年は青春の時期

・乙酉、丁亥、己丑、辛卯、癸巳の人は、
２０２０年は休息の時期

・甲午、丙申、戊戌、庚子、壬寅の人は、
２０２０年は飛躍の時期

・乙未、丁酉、己亥、辛丑、癸卯の人は、
２０２０年は空転の時期

【図表２　運気の時期】

天中殺		年
○	夜明けの時期	2020
○	進化の時期	2021
○	決意の時期	2022
×	休息の時期	2023
◎	青春の時期	2024
××	空転の時期	2025
◎◎	飛躍の時期	2026
◎◎	絶好調の時期	2027
◎◎	頂点の時期	2028
天	忍耐の時期 運気の真空状態(入り)	2029
中	陰徳の時期 運気の真空状態(核)	2030
殺	修行の時期 運気の真空状態(残)	2031

・甲辰、丙午、戊申、庚戌、壬子の人は、
　２０２０年は頂点の時期
・乙巳、丁未、己酉、辛亥、癸丑の人は、
　２０２０年は絶好調の時期
・甲寅、丙辰、戊午、庚申、壬戌の人は、
　２０２０年は中の時期
・乙卯、丁巳、己未、辛酉、癸亥の人は、
　２０２０年は天の時期

天中殺の時期を押えておく

　この12周期で肝になるのが、天中殺の時期。ここだけをちゃんと押えておくだけでもかなり流れは変わります。

　この時期は、あまりいい時期とは言われていません。人や流派によっては、すべてがうまくいかない時期とも言われてます。

　だからといって、３年間何もしないでい

るのがいいのかというとそんなことはないです。

天中殺は陰徳の時期です。とにかく人に感謝されるようなことを重点的にすれば、逆にいい時期に変わる人もたくさん見て来てます。加えて、特に流れが悪くなっている時期なので、あまり1人で頑張り過ぎず、手を差し伸べてくれる人には運気を上げてくれる人もいますので、率先してお付合いしたりすることもいいでしょう。

よく「天中殺中はいい出会いないんですか？」などと言われますが、普通にあります。出会っているのに気づきづらい時期かもしれませんが、この時期こそ傍にいてくれる大事な人がいるかいないかで大きく変わります。

時期が悪いから交際を控えるのではなく、逆にすごくいい人にも出会ったりします。それを拒んだりすると、天中殺が明けていい時期に入ったとしても、ずっと引きずることになったり、流れがよくなることが困難になったりします。

ただし、注意してほしいのは、不倫関係はよくないのでご注意ください。

3　勝負の時期がわかる

取返しのつかない失敗はしたくない

誰もが失敗したくないと思っていると人が多いのではないでしょうか。最近では、失敗したくないから何もしないなんていう人も多いようです。

それも１つですが、おそらくそういう人は四柱推命的な時期は関係せず、どんな時期も魂が喜ぶことは少ないと思います。当然、私も、たくさんいろいろな失敗をしてきています。それを経験だと思い、今は楽しく毎日を送っています。

人生には、人によって勝負の時期があります。２でお話しさせていただいた天中殺さえ気をつけていたら問題ないんですねとも言えますが。やはり一生に何回か勝負の時はあると思います。

例えば、鳥海師匠の関係の社長様で、株式上場される前からお付合いがあるような人は、私の知る限り３名はいらっしゃいます。株式上場会社って、日本だけで一部上場からマザーズなど全部合わせても４０００社もないです。そんな狭き門の勝負時ってあまり間違えたくないですよね。

他にも私の関係の社長で不動産関連の社長様がいますが、大きな取引をするときなどは慎重です。そりゃーそうですよね。１度に何億円、何十億円の取引を失敗したら会社なくなるかもですからね。

仕事だけでなく事故、病気、結婚も取返しのつかないような失敗はなるべくしたくないですよね。

もちろん、１度起きたことをずっと恨んだり、憎んだり、許せないという感情で過ごすことはあまりよくないので、リセットしたほうがいいでしょう。

日々ご相談をいただく中で、もっと早く相談してくれたらそんな事故に巻き込まれなかったのになど、結構あります。相談者のお父さんが家を購入した翌年には、急死、家も火災で燃えてしまったような人もいました。勝負の時期を間違えると、このような取返しのつかないことが起きてしまいます。

もちろん、勝負の時期を生かしている人もたくさんいます。私の関係者でも、金融関係で成功したり、医療機関で成功したり、神社関係で成功したりなど、多数あります。

もっとも、皆、勝負の時期さえよければすべて上手くいくかというとそんなことはありませんが、最低限の事前準備をして、きちんと日を選べば、ほぼいいことが私の周りは起きています。

4　人と付き合う時間を減らすことができる

時間を共有したほうがいい人

人が好きな人もいればそうでない人もいるでしょう。私は、どちらかというと結構好きなほうですし、誰かといつも楽しくお酒でも飲んでいたいほうです。ただし、誰とでもそうしたいかというと、今はそうではないです。時間は大事ですからね。無駄と思われることがわかっているなら、避けたほうがいいと思っています。

ここでは、簡単に運気アップしてくれる人を見つける方法を推命ナビを使って解説していきます。

まず、例によって、私の生年月日を入れた図表3を使います。

日柱の丸がついている干支が癸ですね。次に図表4を見てください。癸の対角線上に戊と書いてあります。こちらの人と中心に付き合うと驚くほど変わります。

【図表３　鑑定書】

1978年 5月 21日 (10時0分) 生 男性

天中殺	日 柱	月 柱	年 柱	
申酉 子丑	-水 癸未 -土	-火 丁巳 -火	+土 戊午 +火	干支
	20	54	55	
	己	丙	己	蔵干
		偏財	正官	通変星
	偏官	正財	偏官	蔵干通変星
	墓	胎	絶	十二運星
9	5	3	1	運勢エネルギー

1人では心もとないので、3～5、6人はいたほうがいいです。私も、実際に10人くらいいますが、驚くほど金運を上げてくれています。

念のため1つひとつ解説しておくと、甲の人は己の人と、乙の人は庚の人と、丙の人は辛の人と、丁の人は壬の人との組合せです。ぜひ、試してみてください。

【図表４　干合】

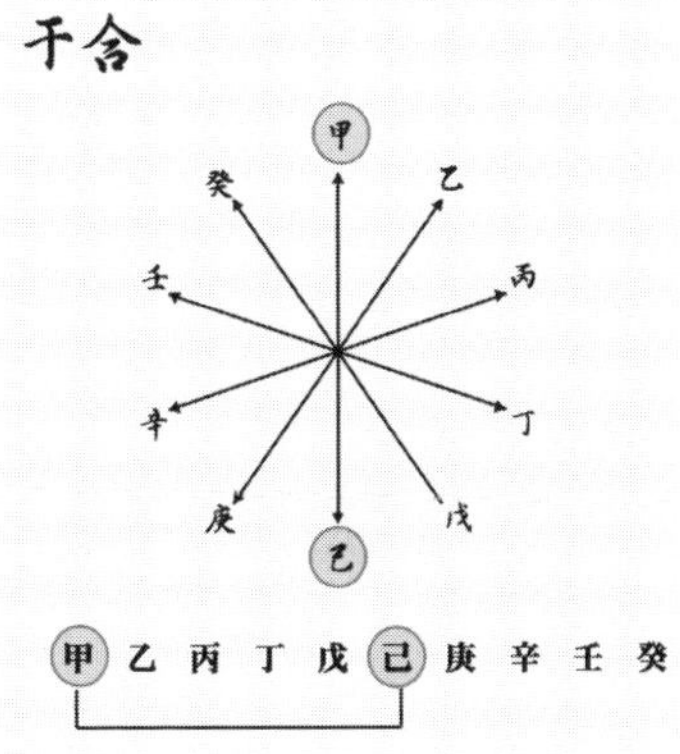

5　運気の上げ方がわかる

運気を味方につける

「運というのは、いいほうがいいと思いませんか?」などと問いかけると、悪いほうがいいという人はまずいません。運がなければ何もできません。

松下電気の創業者の松下幸之助さんは、社員を採用するときに「あなたは運がいいと思いますか?」と必ず聞いて、「運がいいと思います」と答えた人のみしか採用していなかったという話は有名です。

松下幸之助さんと言えば、誰もが認める経営の神様です。そんな経営の神様が運頼みかななんて思わないでしょう。しかし、運は生きて行く上でかなり大事です。運も実力のうちとも言いますし。

よく運は平等だとか、もしくは、生まれつき運がいいとか悪いとか言いますが、平等ではないですし、生まれつき悪い人もいません。ただ、前世との因縁などで、どうしようもない人はいますが、基本ないです。

私は、もちろん、運がいいと思ってます。よくいろんなスーパーのイベントやくじなどで特賞が当たったり、たまたま行った催しもので当日だけ特別なイベントをやっていたり、仕事でも引き寄せている出会いが多いです。そんなくじなどで運を使いたくないよとか思う人もいるかもですが、運がいい人はずっといいです。

運のいい人とだけ付き合う

では、どうすればいいか、個々に若干違ったりもするので、詳しくは第4章で解説していますからそちらをご参考にしてください。簡単です。詰まるところ、運のいい人とだけ付き合えばいいんです。前述の３の干合の人とだけ付き合えばいいの？　そんなことはありません。

運が悪くなるような行動をしてない人とだけ付き合えばいいのです。逆に、次に挙げるような行動をしている人とは、少し距離を置いたほうがいいです。

１つ目は、電車が閉まりかけているのに無理やり乗ろうとする人。たくさんの人の時間を奪ってしまうので、運はよくなるわけありません。

２つ目は、複数の人数（３人以上）で食事に行ったとき、やたらとメニューを選ぶのに時間がかかる人も、同じく時間を奪ってしまうのでよくないです。

３つ目は、複数人数ので待合せ場所にいつも遅れてくる人、これもＮＧですね。

まとめて簡単に言うと、自分のことだけ考えて、周りに迷惑かける行動は運気は味方しません。

男女の関係の付合いは

先日のある相談者のことを例にあげます。

30代半ばの女性が、アタックされている男性と付き合うか迷っているとのこと。なぜ迷っているのかと聞くと、その女性は、次に、付き合う男性とは結婚を考えたいので、真剣に付き合いたい意向が強いとのことでした。ところが、相手がバツがついている人なので迷っているとのことでした。そこで、もちろん相性を観たのですが、その男性との相性はすごくよかったのです。四柱推命で観る限り、罰がついている以外は事業も順調そうで人柄はよさそうな人でした。

よく初婚にこだわる人がいますが、離婚の理由を聞いてみたほうがいいと思います。結婚経験がある人は少なくとも経験があるということです。

旅行で言えば、1度行ったところの楽しさを知っている可能性がある感じです。ゴルフで言えば、行ったことのあるコースを一緒に回れるってことですよ。相性以前の問題で、初婚同士よりは上手くいく可能性は高いです。

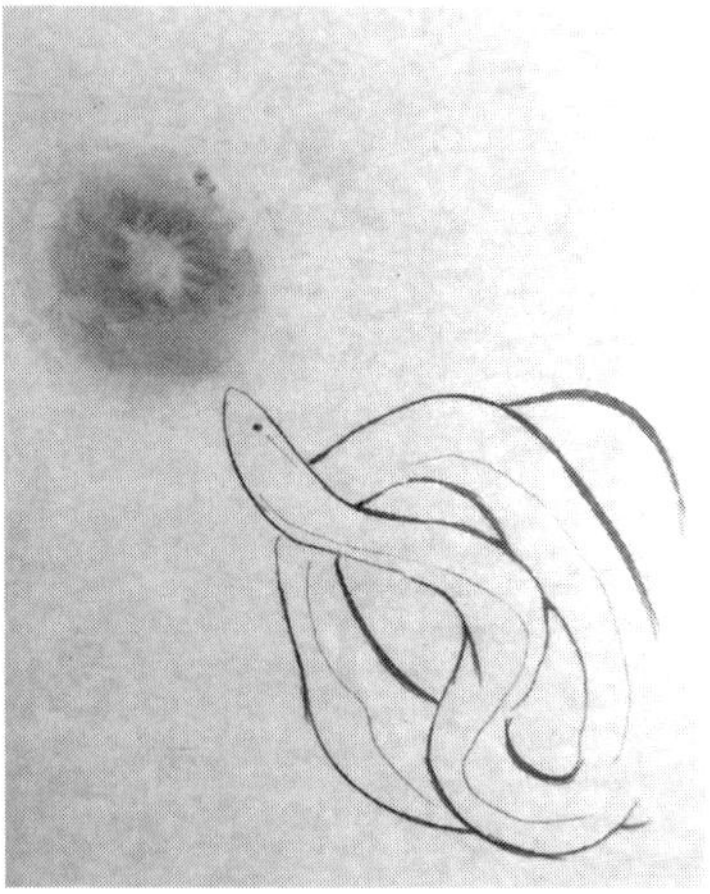

理由が女癖が悪いとか、お金にルーズとかいろいろ考えられますが、そうでない性格的な不一致の場合とかであれば、もしかするとあなたに出会うために別れているかもです。

運を引き上げてくれる人との出会いは、そうそうありません。しかも、男女の関係の付合いが一番変わります。

お金がすべてではありませんが、お金は今の世の中ではいろいろな問題になり一番の引き金になります。

仮に、その方がもっと収入が欲しいと感じていたら、そこそこ上手く行っている人との出会いでお付合いする以外にはかなり難しいです。

例えば、年収1，０００万円の経営者が、年収２００万円そこそこの人と仲よくしますかと言われたら、同性の場合はまずないです。

私は、四柱推命で相性がしっかり観られますので、年収２００万円の人が仮に相性がよくても、あまり仲よくはしないでしょう。なぜ仲よくしないかというと、生活レベルが違い過ぎると、お互いに苦痛ですし、多分一緒に遊ぶことも難しいです。だから、年収の開きがあっても付き合える唯一とも言える男女の関係で、仕事すらも上手くいくようになるんです。この方が独立を仮に考えている女性だったとしたらなおさらのことです。

運を味方につけている人のそばにいるのが一番簡単です。好き嫌いもありますし、こちら側でこっち側の人が絶対いいとは言いづらいですが、「これらも踏まえて相性もいいので、相手も真剣であればちゃんとお付合いして見たらどうですかと」アドバイスしました。

この場合は、聞く限りは運気を上げてくれるパートナーであることは間違いないと私は感じていました。その後、本人がどうなさったかはわかりませんが、このように運が上がるきっかけを知ることができ、いくらでも運を味方につけることができますし、運がよくなる方向に導くこともできます。

6　恋愛での失敗がなくなる

恋愛上手になる

恋愛って何歳になってもします。常に恋をしている人は、綺麗になったり、かっこよくなったりしますよね。相談で一番多いのもこの相談です。前項5でもお話したような相談は多いです。

運気が上がるので当然ですが、恋愛の失敗が少なくなります。詳しく勉強すればするほどそうですね。師匠の関係者や私の関係者で、今まで全然だった人が急に結婚したり、彼氏、彼女ができたなんてことは普通にあります。相手のことが深く知れて、会話のきっかけや出会いが生まれますので、当然と言えば当然なんですが。しかも、時期や相性などがわかればなおのこと失敗はないです。

なぜって、師匠も私も当然ですが、変な時期に相性の悪い人にアプローチしませんから、そんなの当然です。

最近では、ラインなどで告白する人もいるみたいですが、それではそもそもアプローチ力が弱いので、いくら時期や相性がよくても、格段に可能性は下がります。

恋愛って、人生の大事なテーマの1つです。それを簡単に、しかも断りやすい方法でするのは、そもそもＮＧです。

こんな相談者がいました。絶対に告白を上手くいかせたいですとのこと。「簡単ですよ。あなたが諦めずにちゃんと時期を選んで告白し続ければ問題ないですよ」と、そのときは答えました。なぜ言い切れたかというと、相性がよく、その人の真剣さを見ていたら大丈夫だと判断したからです。もちろん、結果は「一発ＯＫでお付合いすることになりました」とお礼のメッセージをいただきました。

本書に記した初歩的なことを実践するだけでも、普通に過ごしている人より格段に恋愛運が上がります。自信を持って対面で告白しましょう。

7　人に優しくなれる

余裕から生まれるもの

優しさは、人によって違うと思います。人によっては、優しさが偽善に見えたり、迷惑に感じたりするからです。

例えば、四柱推命で、この人は天中殺の時期だからこんなことをしちゃうんだというトラブルを許せたり、時間に余裕が出てくると、大したことのないトラブルは気にならなくなります。

時間的に有効的な使い方、人の付合いをして余裕が生まれてくれれば、優しくなれます。仮にお金も時間もあまり余裕のない人が優しくできますか？　なかなか難しいと思います。

四柱推命的に結構運命に逆らって生きていると、そういう人は多いです。特に天中殺は、人に優しくしていくことが大事だと思います。

鳥海師匠も私も、当然ですが、この天中殺の時期はあります。何かやる気が出ないなという時期でもあります。師匠ご自身の天中殺は、とにかく人助けだからと言ってご自身の周りに気を使って優しくされてました。私もそれに習い、とにかく人を許すことに徹して優しい気持ちで過ごしていたら、特に問題なく過ごせました。私自身何と言っても天中殺の時期に本格的に四柱推命を取り入れていますから（笑）。

私の関係者でも、もともと未婚の39歳の女性だったんですが、四柱推命を深く学び、とにかく優しくしていたら、いい人が見つかり、結婚してすごく喜ばれていました。しかも、子供を授かり、幸せ一杯のようです。

余裕が出てくると、必ず次の階段へと手を差し伸べてくれる理解者が出てきます。その理解者が人生を大きく変えてくれることが多いように思います。

8　自分の可能性を信じられる

可能性は無限大

人の可能性は、限りなくあります。だけどほとんどの人が気づいていないのです。

四柱推命は、自分の取扱説明書みたいなものです。しかし、電化製品などを購入して、取扱説明書をきちんと読みますか？　というとそうでもない人が多いかと思います。

それと似ていて、読んだとしても、人間は忘れるという素敵な能力を持っています。仮に四柱推命の鑑定を1度受けたからもういいや、自分もすごい星も持っているんだと、その場で終わってしまってはもったいないです。

自分の星の特性、運気アップを第3章、第4章でお話しますが、繰返し反復することで、可能性が増え、さらに自分の本来の生き方が見えてきます。

自分の生き方が見えて自信がつけば、可能性も感じれます。私も、その体験者の1人です。鳥海師匠から四柱推命を学んでいく度に、自分の可能性を信じれるようになっていきました。もちろん、私だけでなく、周りの人も可能性に気づいてくれています。

最近の例でいうと、旦那様ともうすでに離婚は決まっている状態で来られた人がいらっしゃいました。来られたときは、心なしか自信のない様子でした。しかし、四柱推命をより深く理解され、自分の使命感が見えてきたようで、もともとのご実家の神社を継ぎ、さらにプロジェクトでシングルマザーを打ち出し、クラウドファンディングで資金を集め、地域貢献に意欲的に取り組まれることになりました。

このコロナ禍の最中でのチャレンジで、数あるプロジェクトで注目度1位、しかもたった1日行動した結果、こんな報告を聞くことが嬉しくて感謝感激です。ぜひ皆様も自分の可能を信じて行動して行きましょう。

9　運命を変えることができる

運命を変えてくれる人に出会う

「運命的な出会いをしました」なんてことをよく聞きます。しかし、本当にそうかどうか疑問を抱くことはよくあります。理由は、私に来る相談は、圧倒的に不倫関係が多いからです。

人を好きになることは、素晴らしいことです。でも、果して、その好きになった人が本当に運命かどうかは、そうでないパターンが多いです。まずは、第2章の3でお話した人を中心に、付き合ってみましょう。ポイントはいくつかあります。

一言でいうと、魅力的な人がベストです。ただお金も持っているとか、カッコイイとか可愛いとかではなく。次にあげる人ですね。

①　人生の目的がなるべく明確な人
②　約束を守る人
③　常に何かに向かってチャレンジしている人
④　物事に対して常に前のめりで取り組んでいる人
⑤　責任感が強い人
⑥　家族を大切にしている人

⑦ 思いやりがある人
⑧ 情熱的な想いがある人
⑨ 自分に自信を持っている人

こちらの９つ全部を常に意識している人や備わっている人は少ないかもしれませんが、すべてが当てはまるなくても、仮に３つくらいしかない人でも、あまり人の悪口、不平、不満など言わない人であればいいと思います。ちなみに、これらがほぼ当てはまる人で魅力的でない人は見たことないですね。

運命や運は人が運んで来る

人の運命や運は人が運んで来ます。だから、付き合う人で運命は大きく変わります。一番大事なのは、配偶者、そしてビジネスパートナー。こちらで運命は99％よくも悪くもなります。だからといって、慎重になり過ぎ、婚期を逃している女性も何人も見ました。

よく「出会いがないんです」とかいう人がいますが、すでに側にいたりすることがあったりします。ご自身の周りにあなたのことを大切に想ってくれている人はいませんか？　意外に側にいて気づかないパターンも多いのです。食事などに誘われている人で、もし仮に当てはまる人がいて、時間を故意につくっていない人がいたら、自分で運気をどんどん垂れ流しに落としているようなものです。

私も、本書執筆の一番の大元で監修もしていただいている鳥海師匠が、運命を大きく変える人、きっかけになる人とは4年間も気づきませんでした。食事に誘ってくれませんでしたから(笑)。

干合ではないですが、鳥海師匠のコミュニティーに入ると、人生がよくなる的な意味がある相性と知ったのは、四柱推命に真剣に取り組んだあとですが、私ほど真剣に勉強しなくても、仮に9つの条件にマッチして干合の人だったら運命の人かもしれません。

仮に運命の人でないにしても、自分の流れを大きく変えてくれることは間違いないです。9つの条件が当てはまっていて、そもそも運が悪い人もいません。本当に出会いがないのであれば、再度周りの深く関わっている人を考えたほうがいいかもですね。

必ず運命の人に出会えます、心から信じて第3章以降を参考に行動してみてください。

第3章

簡単な四柱推命で
それぞれの特性を知ろう！

1　四柱推命は簡単！　10パターンで自分のことがスッキリわかる

ざっくりで楽しく生きられる

四柱推命は、人の生まれた10個の干「かん」と12個の支「し」とで、空間と時間を表すものを置き換え、その人の性格や運命などを導き出す統計的な占いです。推命ナビを使ってご自身のものを導き出していただけたらと思います。例のごとく、図表5の私の鑑定書を使って解説します。

初めての人には、見慣れない文字がたくさん並んでいると思います。もちろん、1つひとつに意味があり、その文字のことを深く勉強したほうがいいのですが、そこまでしなくても簡単な運気アップや特性はわかり、楽しい人生は送れます。図表5の日柱の干支を見てもらうと、癸未とあります。この部分が大元になって、すべての文字を導き出しているので、ここだけを見るだけでも十分な特性や運気アップはできます。なので、ざっくり干「かん」の10パターンだけでいけちゃうんです。

2　甲の人の特性

木の人

甲（こう、きのえ）を自然界になぞらえてみると、「木」「樹木」「大樹」をイメージするものです。

【図表5　私の鑑定書】

1978年 5月 21日 (10時0分) 生 男性

天中殺	日柱	月柱	年柱	
申酉 子丑	-水 癸未 -土	-火 丁巳 -火	+土 戊午 +火	干支
	20	54	55	
	己	丙	己	蔵干
		偏財	正官	通変星
	偏官	正財	偏官	蔵干通変星
	墓	胎	絶	十二運星
9	5	3	1	運勢エネルギー

これからの特性は、図表6のように日柱が「甲」の人ことです。

甲の字の語源は、「押さえる」。冬の間に固い殻の中に押え込まれていた芽が、春先にかけて大地を突き破って空に伸びる姿を表しています。

その様子から、まっすぐで曲がったことが大嫌いで道徳的です。

出世願望が強く、地位や名誉に関心がある人が多いですが、実力が伴わないこともあります。

人の中心になる器で、面倒見がよく、包容力も高く、気品があり、高貴な心も持っています。

書物大好きで、理想、理念、論理を重視し、そのためプライドが高く、命令されたり、バカにされるのを極端に嫌います。

こんな素敵な器が大きな「甲」の人ですが、特性の弱点はというと、臨機応変力に欠けるところ、真っ直ぐで真面目過ぎるせいか、自分の

【図表６　甲の人の鑑定書】

1974年 6月 12日 (10時0分) 生 男性				
天中殺	日柱	月柱	年柱	
午未 子丑	+木 甲申 +金	+金 庚午 +火	+木 甲寅 +木	干支
	21	7	51	
	戊	己	戊	蔵干
		偏官	比肩	通変星
	偏財	正財	偏財	蔵干通変星
	絶	死	建禄	十二運星
14	1	2	11	運勢エネルギー

生き方ややり方に非常にこだわる傾向にあります。

挫折にも弱く、1度ポキッと折れると、立ち直るのに時間がかかったりもします。したがって、若いうちに大きな挫折、経験などをしておいたほうが、より大きなたくましい樹木になれるでしょう。

1度でも大きな挫折をしている樹木の人は、人の優しさなどにも気づきやすく、より貢献できる人になるでしょう。

3　乙の人の特性

草花の人

乙（おつ、きのと）を自然界になぞらえてみると、「草花」「水草」をイメージするものです。

【図表７　乙の人の鑑定書】

1983年 1月 27日 (10時0分) 生 男性				
天中殺	日柱	月柱	年柱	
子丑 子丑	-木 乙卯 -木	-水 癸丑 -土	+水 壬戌 +土	干支
	52	50	59	
	乙	己	戊	蔵干
		偏印	印綬	通変星
	比肩	偏財	正財	蔵干通変星
	建禄	衰	墓	十二運星
24	11	8	5	運勢エネルギー

これからの特性は、図表７のように日柱が「乙」の人ことです。

乙の字の語源は、植物が曲がりつつ出かかる図形の様子を表しています。

樹木と同じように、草花も芽を出していくのですが、真っ直ぐ伸びる樹木とは違い、曲がって大地に根を張っていきます。

その様子から、柔軟で人に合わせたりすることが得意で、ロマンチストな一面もあります。

一見、頼りなく見えたり、か弱そうに見えても、意外に雑草のように、踏まれても踏まれてもまた芽を出すような忍耐力や我慢強さも持っています。

そして、したたかな一面もあります。

こんな柔軟性があり素敵な「乙」ですが、草花１本では目立たないと一緒で１人で生きていくのはあまり得意ではありません。仲間をたくさんつくったり、自分の考えに固執せず、コミュニティーをつくっていくことにより、リーダー的になることもあるでしょう。

また、樹木に絡まる蔦のように依存心が強く、環境の影響を受けやすいので、人を利用するだけになったりもしがちです。そういうことにならないように、自分がうまく綺麗に咲き誇れる場所を見つけられるよう、素敵な人と交流を深めましょう。

4　丙の人の特性

太陽の人

丙（へい、ひのえ）を自然界になぞらえると、「太陽」をイメージするものです。

これからの特性は、図表8のように日柱が「丙」の人ことです。

丙の字の語源は、机や人の足がピンと左右に張った様子を表しています。

明るさと暖かさの象徴の太陽ですので、当然中心で注目されたい、とにかく明るく楽観的、さっぱりしていて、くよくよしない。嫌なことがあっても1晩寝たら忘れる。裏表がなく、わかりやすいタイプで人気者です。華もあるので、いるだけで周りの雰囲気が明るくなります。

また、無償の愛や暖かさを与えられる寛大な人も多いです。

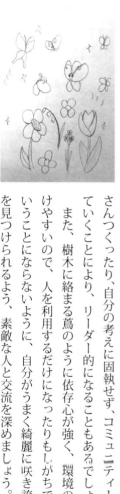

【図表８　丙の人の鑑定書】

1960年 4月 8日 (10時0分) 生 男性

天中殺	日柱	月柱	年柱	
戌亥 辰巳	+火 丙寅 +木	+金 庚辰 +土	+金 庚子 +水	干支
	3	17	37	
	戊	乙	癸	蔵干
		偏財	偏財	通変星
	食神	印綬	正官	蔵干通変星
	長生	冠帯	胎	十二運星
22	9	10	3	運勢エネルギー

こんな誰からでも好かれそうな「丙」の人ですが、太陽の光は一方的です。そのため、一方的に言動を押しつけたり、自分勝手な行動をとりがちな一面があります。

また、孤独が耐えられず、常に誰かといたいという人も多いです。

何事にも積極的で活動的である反面、飽きるのも早く、継続力に乏しいところもあります。

細かいことも得意ではないので、やりっ放しになってしまうこともよくあります。

いい太陽のように、周りの皆を元気にするパワーを持ち前の集中力の高さで持続していくことに心がけましょう。

【図表9　丁の人の鑑定書】

1980年 1月 15日 (10時0分) 生 女性				
天中殺	日柱	月柱	年柱	
午未 子丑	-火 丁亥 -水	-火 丁丑 -土	-土 己未 -土	干支
	24	14	56	
	甲	辛	乙	蔵干
		比肩	食神	通変星
	印綬	偏財	偏印	蔵干通変星
	胎	墓	冠帯	十二運星
18	3	5	10	運勢エネルギー

5　丁の人の特性

月の人

丁(てい、ひのと)を自然界になぞらえると、「月」「灯火」をイメージするものです。

これからの特性は、図表9のように日柱が「丁」の人ことです。

丁の字の語源は、釘を打ったのを横から見た様子を表しています。

通常は、夜に輝く月。そのためか、丁寧な対応ができ、知識や知恵があり、あまり目立たない存在でいる人も多いです。

しかし、灯火で照らされるせいか、洞察力、観察力が非常に優れている人が多いです。

温和な人が多いためか、人にも好かれます。ロウソクのように柔らかく火を灯し、人情家も多いようです。

こんなあまり損得感情が少なく、付き合いやすそうな「丁」の人ですが、月がいろいろな形をするように豹変してしまう一面もあります。また、腹の中をなかなか明かさない傾向にもあります。

なので、２面性がある人にも見られがちです。

意外に好き嫌いがあり、嫌いな人には極端に冷たい傾向もあります。

綺麗な月のように、誰からでも好かれる特性を生かし、日頃から影響力も持った人で本音を語れるようなパートナーを確保することがキーになってきます。

6　戊の人の特性

山の人

戊（ぼ、つちのえ）を自然界になぞらえると、「山」をイメージするものです。

これからの特性は、図表10のように日柱が「戊」の人ことです。

戊の字の語源は、まさかりに似た武器を描いたもので、矛の様子を表しています。また、陽の土

【図表10　戊の人の鑑定書】

1980年6月24日(10時0分) 生 男性

天中殺	日柱	月柱	年柱	
戌亥 子丑	+土 戊辰 +土	+水 壬午 +火	+金 庚申 +金	干支
	5	19	57	
	戊	丁	庚	蔵干
		偏財	食神	通変星
	比肩	印綬	食神	蔵干通変星
	冠帯	帝旺	病	十二運星
26	10	12	4	運勢エネルギー

で、土は陰陽五行ではどの方位にも属さない中心点ということから、大地のパワーが集まっている山を意味します。

多くの人が大好きな山のように、人が勝手に集まってきたり、魅力的な感じもあるので、組織のリーダー的な役割にもなります。

また、どっしりと悠然と構えて落ち着いた雰囲気でもあります。

【図表11　己の人の鑑定書】

1974年 7月 17日 (10時0分) 生 女性				
天中殺	日柱	月柱	年柱	
子丑 子丑	-土 己未 -土	-金 辛未 -土	+木 甲寅 +木	干支
	56	8	51	
	乙	乙	丙	蔵干
		食神	正官	通変星
	偏官	偏官	印綬	蔵干通変星
	冠帯	冠帯	死	十二運星
22	10	10	2	運勢エネルギー

さらに、楽観的で細かいことを気にせず、感受性が強く、色彩感覚や包容力もあります。

こんな人間的に素敵な「戊」の人ですが、1度決めたことを最後まで貫く信念の部分により、周りに安心感与える一方では、頑固な一面もあります。

加えて、納得しなければ行動に移さない慎重さから、中途半端な人生にもなりがちです。

富士山のように皆から愛される素敵な山のように、内面を磨くことを意識するといいでしょう。

7　己の人の特性

畑の人

己(き、つちのと)を自然界になぞらえると、「畑」「田畑」をイメージするものです。

これからの特性は、図表11のように日柱が「己」

の人ことです。

己の字の語源は、人から呼ばれはっと起立するの様子、そこからおのれを表す意味になったとされています。

畑の意味から、万物を育み、いろいろなものを育てたい意識から、多種多芸で、広く浅く知識や情報を持つ人です。

そのため、たくさんの養分を含んだ畑のように、公平に面倒見がよく、義理、人情にも厚く、困っている人も助けたいと強く思ってます。

こんな割と常識人で庶民的な感性が強い「己」の人ですが、嫌いな人を嫌ってはいけない思ってしまったりするため、ストレスを溜め込み、ヒステリックになったりすることも。

また、いろいろなことに手を出し過ぎて、結局、何がやりたいのかが見えなくなる人が多いようです。

もともと勉強家なので、一般大衆やサービス業、教育業などに関わり、しっかり畑を耕すことに専念するといいでしょう。

【図表 12　庚の人の鑑定書】

1970年 2月 9日 (10時0分) 生 男性

天中殺	日柱	月柱	年柱	
子丑 寅卯	+金 庚申 +金	+土 戊寅 +木	+金 庚戌 +土	干支
	57	15	47	
	戊	戊	辛	蔵干
		偏印	比肩	通変星
	偏印	偏印	劫財	蔵干通変星
	建禄	絶	衰	十二運星
20	11	1	8	運勢エネルギー

8　庚の人の特性

金属の人

庚（こう、かのえ）を自然界になぞらえると、「金属」「刀」「鉱物」をイメージするものです。

これからの特性は、図表12のように日柱が「庚」の人ことです。

庚の字の語源は、同音の「更」（かわる）につながり、植物の成長が止まって形を変化しようする様を表しています。

固い金属を意味することから、自分の意見を強引に進めていく強さ持っていて、簡単に人の意見に流されません。そのため、物怖じせず、どんどん意見を言うことができ、変化を求め、決断力はある割りに機転がきき、現実主義者です。

そんな強い信念を持つ行動力ある「庚」の人で

すが、1度認めた相手には忠実で、裏表のない正直者のため、刀という意味を持つので、時に人と戦うことこともよくあります。その結果、トラブルメーカーにもなりやすいですし、敵もつくりやすいです。

逆境に強い一面もありますので、鉄は熱いうちに打てで、スピード感を持ってダイナミックな行動をすることがいいでしょう。

9　辛の人の特性

宝石の人

辛（しん、かのと）を自然界になぞらえると、「宝石」をイメージするものです。

これからの特性は、図表13のように日柱が「辛」の人ことです。

辛の字の語源は、入れ墨をするときの針の痛みを表します。

それを鉱物にたとえると、加工されると美しい宝飾品に変わっていくのです。宝飾品は、大切な貴重なもの、生まれながらに大切にされる傾向にあります。

繊細で、精神世界にも興味を持ちやすく、人とは違う美的感覚持ち、ボランティア精神も強いの

【図表 13　辛の人の鑑定書】

1982年 10月 15日 (10時0分) 生 女性

天中殺	日 柱	月 柱	年 柱	
戌亥	-金 辛未 -土	+金 庚戌 +土	+水 壬戌 +土	干支
子丑				
	8	47	59	
	丁	辛	辛	蔵干
		劫財	傷官	通変星
	偏官	比肩	比肩	蔵干通変星
	衰	冠帯	冠帯	十二運星
28	8	10	10	運勢エネルギー

で、優しい人でもあります。

特別な扱いを受けることも多い「辛」ですが、自尊心や警戒心も強く、精神的な安定性に欠け、感情にムラがあり、時に譲らないところは絶対に譲らないといった柔軟性に欠けるところがあります。

宝石は、とにかく磨くことによって輝きます。時に辛い試練がのしかかることも多い人ですが、

それを乗り越えていけるだけの我慢強い努力家です。苦労が来たときこそチャンスです。素敵なダイヤモンドのようにたくさんの人を魅了できることでしょう。

【図表14　壬の人の鑑定書】

1986年 3月 19日 (10時0分) 生 男性				
天中殺	日 柱	月 柱	年 柱	
子丑 戊亥	+水 壬戌 +土	-金 辛卯 -木	+火 丙寅 +木	干支
	59	28	3	
	戊	乙	丙	蔵干
		印綬	偏財	通変星
	偏官	傷官	偏財	蔵干通変星
	冠帯	死	病	十二運星
16	10	2	4	運勢エネルギー

10　壬の人の特性

海の人

壬（じん、みずのえ）を自然界になぞらえると、「海」「大河」をイメージするものです。

これからの特性は、図表14のように日柱が「壬」の人ことです。

壬の字の語源は、任に通じ、植物の内部に種子ができ、来たるべき草木の芽生えへの準備を表します。妊（はらむ）という意味も含まれますので、母体の胎内の様子も示されていたりもします。

海は、世界の面積の70％以上です。そんなことから、とても器が大きく、柔軟で、計り知れない可能性を持っています。また、巻き込む力も強く、社交性もあり、向上心も強いので、いろいろなシーンでリーダー的存在になることも多いでしょう。

心が広く、先見力もあり、エネルギーたっぷりな「壬」の人ですが、数字的な目標を持たないと先走ってしまったり、人任せで成行きのルーズな生活になり、大きな川が決壊したり、大津波を起こすような感じで、手がつけられなく荒れてしまう場合もあります。
自由な感じで、心を広く持てる環境で周りを優しく包める海の波のような雰囲気になるといいでしょう。

11　癸の人の特性

雨の人

癸を自然界になぞらえると、「雨」「露」「湧き水」をイメージするものです。

特性は、本章の始めの図表5（図表15として再掲します）のように日柱が「癸」の人のことです。

癸の語源は、揆（はかる）につながり、植物の内部にできた種子が測れるまで大きくなった状態を表しています。また、雨露が凝固して結晶した姿からもきています。

露がかかっている風景のように変幻自在で、自分をベールで覆い隠す物静かなタイプが多いです。

地上を潤した雨露は、少しずつ集まって、やがて1つの流れをつくり出すように、よく勉強し、学問が好きで、知識が豊富、そして着実に努力ができる人です。

【図表15　癸の人の鑑定書】

1978年5月21日(10時0分)生 男性

天中殺	日柱	月柱	年柱	
申酉 子丑	-水 癸未 -土	-火 丁巳 -火	+土 戊午 +火	干支
	20	54	55	
	己	丙	己	蔵干
		偏財	正官	通変星
	偏官	正財	偏官	蔵干通変星
	墓	胎	絶	十二運星
9	5	3	1	運勢エネルギー

慎重で、ノリで行動することは少ないので失敗が少なく、勝つことよりも負けないことにエネルギーを使います。

平和主義者ですが、負け試合でも簡単に諦めない信念の強さがあります。また、人を癒したい、必要とされたいというとにかく周囲に気を使うところもあります。

慎重で、喧嘩が嫌いな「癸」ですが、本質はひねくれたところや意外に他人の意見には耳を貸さない、もったいぶる癖があります。その結果、何か嫌なことがあると、突然、積み重ねてきたものを壊したりもします。

皆に平等に優しい恵の雨を与えるように、しっかりと着実な努力を忘れないようにするといいでしょう。

第4章

四柱推命10パターンで あなたの運を上げよう!

【図表16　甲の人の鑑定書】

1974年6月12日(10時0分) 生 男性				
天中殺	日柱	月柱	年柱	
午未 子丑	+木 甲申 +金	+金 庚午 +火	+木 甲寅 +木	干支
	21	7	51	
	戊	己	戊	蔵干
		偏官	比肩	通変星
	偏財	正財	偏財	蔵干通変星
	絶	死	建禄	十二運星
14	1	2	11	運勢エネルギー

1　甲の人の運気アップ

真面目な人

ここからは、図表16の日柱が甲の人のことです。

甲の人は一言でいうと非常に真面目な人が多く、樹木の人です。

「樹木の人なので、パワースポットでも有名な屋久杉のご神木にはぜひ1度は行ったほうがいいですよ」と案内した人が言ったそうです。

それから2週間以内くらいに行かれたそうですが、予約された日がちょうど台風と重なり、飛行機が飛ぶかどうかの瀬戸際だったとか。

しかし、運よく飛び、着陸時には雨もやみかけていて、実際に屋久杉まで行ったときは後光の光が差したようだったとのことです。

それ以来その方は、仕事もプライベートも順

【図表17　乙の人の鑑定書】

1974年 6月 12日 (10時0分) 生 男性				
天中殺	日柱	月柱	年柱	
午未 子丑	+木 甲申 +金	+金 庚午 +火	+木 甲寅 +木	干支
	21	7	51	
	戊	己	戊	蔵干
		偏官	比肩	通変星
	偏財	正財	偏財	蔵干通変星
	絶	死	建禄	十二運星
14	1	2	11	運勢エネルギー

調だそうです。なので、甲の人は、屋久杉がいいとは思いますが、ご神木あるような場所に毎月行かれることおすすめします。

さらに、木製のアクセサリーなどを持たれたり、身につけたりすることもおすすめです。

食べ物は、鶏肉、麦、ニラ、ももなどがラッキーです。時々口にされると運気は変わりますよ。

2　乙の人の運気アップ

1人では本領発揮できない人

ここからは、図表17の日柱が乙の人のことです。

乙の人は、一言でいうと人にとことん助けられる人です。

私のお客様でとても優秀な経営者がいます。

とにかく任せておく社長で、経理からその他細々した人事など全く感知しないでうまくやっています。

とにかく周りが何とかしてくれて成り立っている人です。もちろん、基本どの星でも1人では本領発揮できないですが、乙の人は一番そうです。

女性であれば、うまく可愛がってもらえたりすることも運気アップのコツです。

乙の人は、お花畑に行かれることをおすすめします。私のお客様も、ちょうどラベンダーの時期で富良野のラベンダー畑行かれてから順調にいくようになった人もいます。そんな遠方でなくて近場でも構いません。

さらに家に生花を置くのもいいでしょう。アロマやハーブなどもおすすめです。食べ物は、ハマグリ、菜の花、いちごがラッキーです。誰かに食べさせてもらえると最高ですね。

3　丙の人の運気アップ

自分が一番目立ちたい人

ここからは、図表18の日柱が丙の人のことです。

丙の人は、一言でいうと目立ちたがりやです。

自分を中心に物事を動かしたい、そして時に太陽が雲隠れするように、気分で物事を動かしていくようなことでもうまくいったりもします。

【図表18　丙の人の鑑定書】

1960年4月8日（10時0分）生　男性				
天中殺	日柱	月柱	年柱	
戌亥 辰巳	+火 丙寅 +木	+金 庚辰 +土	+金 庚子 +水	干支
	3	17	37	
	戊	乙	癸	蔵干
		偏財	偏財	通変星
	食神	印綬	正官	蔵干通変星
	長生	冠帯	胎	十二運星
22	9	10	3	運勢エネルギー

まさに師匠の鳥海氏のようです。

太陽の象徴みたいなような方で、鳥海流の四柱推命の創始者でもあり、自分が常に中心にいる見本です。

ご自身も言われていますが、太陽の人は色黒になるくらい太陽に当たることに心がけることが大事です。

運動全般、カラオケ、バーベキューなどおすすめです。

師匠は、実践されて、究極の運のよさを持っていらっしゃいます。

家には、美術品を置かれるのも運気アップします。

食べ物は、ラム肉、トマト、コーヒー、あんずなどがいいでしょう。

持ち前の明るさで周りに運気を分け与えるくらいになると最高ですね。

【図表 19　丁の人の鑑定書】

1980年 1月 15日 (10時0分) 生 女性

天中殺	日柱	月柱	年柱	
午未 子丑	-火 丁亥 -水	-火 丁丑 -土	-土 己未 -土	干支
	24	14	56	
	甲	辛	乙	蔵干
		比肩	食神	通変星
	印綬	偏財	偏印	蔵干通変星
	胎	墓	冠帯	十二運星
18	3	5	10	運勢エネルギー

4　丁の人の運気アップ

二面性がある人

ここからは、図表19の日柱が丁の人のことです。

丁の人は、一言でいうと二面性がある人です。

私の知合いで、赤坂でクラブを経営しているママは、とても気立てがよく綺麗な方です。

水商売は、やったことがあるのでわかりますが、気遣いが大事な商売の1つです。そんなことから、やはり二面性の部分をうまく使われている人は運もよくて成功されています。

月なので、花火は見に行くこと。室内では映画館やコンサートもいいでしょう。

キャンドルやご自分の部屋に綺麗な鏡を置くのも運気アップです。

食べ物は、タコ、玉ねぎ、ココア、りんごなど

【図表20　戊の人の鑑定書】

1980年6月24日（10時0分）生　男性

天中殺	日柱	月柱	年柱	
戌亥	+土 戊辰 +土	+水 壬午 +火	+金 庚申 +金	干支
子丑	5	19	57	
	戊	丁	庚	蔵干
		偏財	食神	通変星
	比肩	印綬	食神	蔵干通変星
	冠帯	帝旺	病	十二運星
26	10	12	4	運勢エネルギー

がいいでしょう。

運気を上げて常に美貌を保っていきましょう。

5　戊の人の運期アップ

落ち着いた人

ここからは、図表20の日柱が戊の人のことです。

戊の人は、一言でいうと落ち着いた人です。

顧問先の社長は、本当に勉強熱心で、いつもすごい人だなとこちらがいつも勉強させてもらっている感じですが、「いつも本当によく見てくれてありがとう」と言ってくれます。まさに山の神ですね。

このように、常に人間的に上を目指すようなことをするのは戊の人にとってとても運気アップです。

山ですから、登山、ゴルフ、スキーはとてもいいです。でも、雪山は危険なので登山慣れてない人は夏に行ってくださいね（笑）。

【図表21　己の人の鑑定書】

1974年7月17日 (10時0分) 生　女性				
天中殺	日柱	月柱	年柱	
子丑 子丑	-土 己未 -土	-金 辛未 -土	+木 甲寅 +木	干支
	56	8	51	
	乙	乙	丙	蔵干
		食神	正官	通変星
	偏官	偏官	印綬	蔵干通変星
	冠帯	冠帯	死	十二運星
22	10	10	2	運勢エネルギー

食べ物は、赤身の牛肉、ゴーヤ、オレンジが運気アップ食材です。山の神のようにたくさん運気を寛容に撒き散らしていきましょう。

6　己の人の運気アップ

吸収力の高い人

ここからは、図表21の日柱が己の人のことです。

己の人は、非常に吸収力が高い人です。

お弟子さんで優秀な方がおりまして、何をやっても吸収が早く、何でもすぐに取り入れてしまいます。見ていて気持ちがいいくらいです。

まだ、若いのですが、割と重い病気を抱えているのにもめげず、どんどん吸収することは、とても運気アップされる行動です。

また、畑のなので、土に触れることはいいです。ガーデニング、陶芸、粘土に触れたり、欲を言え

【図表 22　庚の人の鑑定書】

1970年 2月 9日 (10時0分) 生 男性				
天中殺	日柱	月柱	年柱	
子丑 寅卯	+金 庚申 +金	+土 戊寅 +木	+金 庚戌 +土	干支
	57	15	47	
	戊	戊	辛	蔵干
		偏印	比肩	通変星
	偏印	偏印	劫財	蔵干通変星
	建禄	絶	衰	十二運星
20	11	1	8	運勢エネルギー

ばお米をつくってみたりもいいです。食器棚にお気に入りの陶器など置かれるのもいいでしょう。

食べ物は、鮭、えび、高麗人参、グレープフルーツが運気アップの食材です。養分をたくさんとって皆に分け与えていきましょう。

7 庚の人の運気アップ

スピード感のある人

ここからは、図表22の日柱が庚の人のことです。

庚の人は、スピード感あるれるパワフルな人です。

友人で、周りを気にせず淡々とやるべきことを誰よりスピード感を持って仕事に取り組む人がおり、その結果圧倒的な成果出してビジネスの世界でも成功を収めています。

とにかく動き出したら止まらない、そんなス

【図表23　辛の人の鑑定書】

1982年 10月 15日 (10時0分) 生 女性				
天中殺	日柱	月柱	年柱	
戌亥 子丑	-金 辛未 -土	+金 庚戌 +土	+水 壬戌 +土	干支
	8	47	59	
	丁	辛	辛	蔵干
		劫財	傷官	通変星
	偏官	比肩	比肩	蔵干通変星
	衰	冠帯	冠帯	十二運星
28	8	10	10	運勢エネルギー

ピード感を持つことは運気アップです。

また、鉄を使ったスポーツといえば、ゴルフ。ゴルフ会でも活躍している石川遼、タイガーウッズなど、こちらに当てはまったりします。

さらに、車でドライブすることや楽器などを奏でるのもいいでしょう。

食べ物は、牛肉、米、玉ねぎ、ブルーベリーが運気アップの食材です。

持ち前のスピード感を生かすように、しっかりエネルギー補給しましょう。

8　辛の人の運気アップ

忍耐力のある人

ここからは、図表23の日柱が辛の人のことです。

辛の人は、一言でいうと忍耐力のある人です。

四柱推命関係者で、幼少期から辛い思いを耐えて乗り越え、大人になってからも、嫌がらせなどに遭いながらも老舗の女将さんとして幸せな結婚したと思えば、ＤＶに遭うなど、常に忍耐で乗り超えて来られた方がいます。

四柱推命で鑑定したときに、ダイヤモンド原石のように、磨くためにいろいろな辛いことも人生で乗り越えるようにプレゼントされているんですよとお伝えしましたら、涙ながらに「これからはいいこともたくさんあるような気がしてきました」と言われた笑顔が忘れられません。今では、幸せな再婚もされ、生き生きと過ごさせれています。

こういう試練から逃げないことが運気アップです。また、宝石なので、ダイヤモンドや誕生石、石のブレスなど持つことはいいでしょう。さらに、パソコン関係のことをするのもいいです。

食べ物は、春菊、オクラ、塩辛、ざくろが運気アップの食材です。

世の中で軽くて一番価値のあるのはダイヤモンドです。運気アップして人間的に価値の高い人になりましょう。

9　壬の人の運気アップ

万能力が高い人

ここからは、図表24の日柱が壬の人のことです。

壬の人は、一言でいうと幅広く何でもできてしまう人が多いです。

お客様で女性経営者なんですが、保険事業、婚活、パーティー事業、サロンを経営し、馬も好き

【図表24　壬の人の鑑定書】

1986年 3月 19日 (10時0分) 生 男性				
天中殺	日柱	月柱	年柱	
子丑 戌亥	+水 壬戌 +土	-金 辛卯 -木	+火 丙寅 +木	干支
	59	28	3	
	戊	乙	丙	蔵干
		印綬	偏財	通変星
	偏官	傷官	偏財	蔵干通変星
	冠帯	死	病	十二運星
16	10	2	4	運勢エネルギー

で馬主もやっている非常に多彩な活動をされています。非常にうまくいっている人ですが、やはり海のように幅広い気持ちで、気持ちにゆとりを持つことが運気アップです。

海なので、サーフィン、水泳、沖釣りなどはいいでしょう。

さらに、ヒスイの置物やアクセサリーもいいでしょう。

食べ物は、豚肉、さば、あさり、あんずがラッキー食材です。

しっかり運気を上げて、大きな海のようにたくさんの人を癒してくださいね。

10　癸の人の運気アップ

周りのサポートが得意な人

ここからは、図表25の日柱が癸の人のことです。

【図表25　癸の人の鑑定書】

1978年 5月 21日 (10時0分) 生 男性

天中殺	日柱	月柱	年柱	
申酉 子丑	-水 癸未 -土	-火 丁巳 -火	+土 戊午 +火	干支
	20	54	55	
	己	丙	己	蔵干
		偏財	正官	通変星
	偏官	正財	偏官	蔵干通変星
	墓	胎	絶	十二運星
9	5	3	1	運勢エネルギー

癸の人は、一言でいうと周りのお世話をするのが好きだったり、得意だったりします。ただ、癸の中でも、癸亥だけはサポートが得意というより周りを引っ張っていく感じかもしれません。

なので、ここだけは2通りあるんですが、とにかく自分が1番手というよりは2番手に回ることに気をつけていて、とにかく人の喜ぶことを意識していること、癸亥であれば物ごと豪快にやり続けて周りに貢献することが運気アップです。

第2章からお伝えしてますが、私も癸の人です。しっかりと意識してますよ（笑）。

私の場合は、水なので、とにかく水回りを綺麗にすることは運気アップに欠かせません。毎朝トイレ掃除は欠かさずしています。これを知って実行するようになり、仕事の出会いから金運もみるみる上がってきました。

また、他には水に関する生き物を飼うといいで

しょう。ちなみに私はメダカを買っています。もちろん金魚や熱帯魚などでもいいですよ。

持ち物に、お気に入りの傘もよいでしょう。ビニ傘はだめですよ（笑）。

たまに温泉、湧き水に触れるような行動も運気アップです。

食べ物は、鴨肉、牡蠣、銀杏、パイナップルがラッキー食材です。

たくさんの人を助ける恵の雨になるようにしていってくださいね。

11　すべての人に当てはまる数字の運気アップ

ラッキーナンバーの求め方

ここからは、図表26、図表27を使って解説していきます。

エネルギーの数字などにちなんで、数字を選ぶことも運気アップにつながります。

すべて図表26に印がついているものを参考にお話していきます。

月柱の数字、私の場合（１９７８年5月21日）は3なので、3はラッキーナンバーの1つです。

エネルギーのすべてを足した数字も運気アップの数字です。私は合計9なので9も大事にしています。

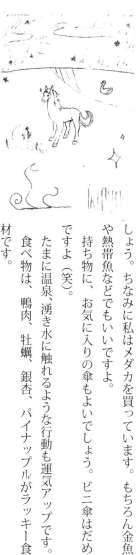

【図表26　私の鑑定書】

1978年 5月 21日 (10時0分) 生 男性

天中殺	日 柱	月 柱	年 柱	
申酉 子丑	-水 癸未 -土	-火 丁巳 -火	+土 戊午 +火	干支
	20	54	55	
	己	丙	己	蔵干
		偏財	正官	通変星
	偏官	正財	偏官	蔵干通変星
	墓	胎	絶	十二運星
9	5	3	1	運勢エネルギー

【図表27　ラッキーナンバー表】

比肩	1
劫財	2
食神	3
傷官	4
偏財	5
正財	6
偏官	7
正官	8
偏印	9
印綬	0

月柱の蔵干通変星の種類によっても数字も導き出せます。私は正財なので6です。ここは10パターンありますので、図表27を参考にご自身の数字を導き出してください。そして、ご自身のことを表しているのは日柱なので、私は20ですね。

ラッキーナンバーを意識

私は、日柱の数字20、月柱3、エネルギー全体の9、そして正財の6を意識しています。

例えば、財布の中のお金については、必ず、お札はこれらの数字につながる枚数になるように万札と千円札に分けて毎朝やっています。そうすると、不思議とお金が不要に出ていかなかったり、入ってくることが多くなったりします。

毎日の何かルーティーンがある人で、何か数字が関係しているなら、ぜひ取り入れて見ましょう。これを知る前は、ラッキーセブンの7がいいなとか思っていましたが、人それぞれの運気アップの数字があることがわかり、それ以降はそちらを意識するように変わりました。

この運気アップの数字は、おそらく何かしらの形で人生の中で関わるので、ぜひ皆さんにも参考にしていただきたく、この度、初公開です。

どの四柱推命の本にもこの開運方法はなく、鳥海流だけのものだと思います。すべての数字が全く一緒の人はそうそういません。自分だけのラッキーナンバーを参考に、いろいろとご自身でやられていることに活用してください。

【図表28　私の鑑定書】

1978年 5月 21日 (10時0分) 生 男性

天中殺	日柱	月柱	年柱	
申酉 子丑	-水 癸未 -土	-火 丁巳 -火	+土 戊午 +火	干支
	20	54	55	
	己	丙	己	蔵干
		偏財	正官	通変星
	偏官	正財	偏官	蔵干通変星
	墓	胎	絶	十二運星
9	5	3	1	運勢エネルギー

12　通変星は主星を大事にするだけでも違う

主星を生かすこと

今までお話しした日柱の干支の10パターンだけでも十分運気がアップしますが、図表28の○印をつけた主星と呼ばれる星の部分も大事なので解説しておきます。

私の場合は、「正財」と入ってます。これは人脈の星です。この星と偏財という星も同じく人脈の星です。この星がここに入っている場合は、とにかく人がキーなので仕事も恋愛も関わる人が大きく左右します。

私も、四柱推命を始めてわかったのですが、営業系の仕事でとにかく人と関わることを重視していました。その結果、四柱推命の今の師匠鳥海先生に出会えました。正財、偏財は、とにかく人がキーです。

次に、◯印が印綬の人と偏印は、知性の星です。

印綬は、人に教えたりすることがよかったりしますので、鳥海師匠がまさにそうです。仕事も、恋愛も、人に教えられるくらいの知識を持つことがキーです。

偏印は、知性でも、想像力が大事なので、感性を高めるために海外に定期的に行くことおすすめします。

◯印が正官の人と偏官の人は、行動の星です。この2つがある人は、とにかく行動力をしっかり活かしてやること、とにかく動くことで開運しますので、運動などをしっかりすることがキーです。

◯印が食神の人と傷官の人は、遊びの星です。食神の星の人は、アクティブな遊びが開運です。皆でバーベキューやカラオケ、食事をつくってホームパーティーなどはおすすめです。傷官の星の人は、文化的な遊びをするといいです。絵画の展覧会に行ったり、クラッシックコンサート、歌舞伎を見にいくなどをすると開運します。

◯印が比肩の人や劫財の人は、自立の星です。自立をテーマとしている星なので、とにかく仕事もプライベートもいいライバルを見つけ、その人に負けないように技術を磨いていくことがキーです。

13　十二運星の月柱を大事にするだけでも違う

合った生き方で開運

本章の最後に、さらに高みを目指す人への四柱推命の開運を解説していきます。

【図表29　私の鑑定書】

1978年5月21日 (10時0分) 生 男性				
天中殺	日柱	月柱	年柱	
申酉 子丑	-水 癸未 -土	-火 丁巳 -火	+土 戊午 +火	干支
	20	54	55	
	己	丙	己	蔵干
		偏財	正官	通変星
	偏官	正財	偏官	蔵干通変星
	墓	胎	絶	十二運星
9	5	3	1	運勢エネルギー

図表29をご覧ください。月柱の十二運星のところに○がついています。

この部分に入る文字によって、簡単な運気アップを解説していきます。

私の場合は、「胎」と入っています。

これは胎児を表している字なのですが、ここにこれがある人は最低3つくらい趣味を持つことが開運のキーです。

いろいろなことにチャレンジしましょう。

ここに養と入っている人ですが、赤ちゃんを表しています。赤ちゃんのように甘え上手になることがキーです。たくさんの人に可愛がってもらっ

てください。

　次に、長生と入っている人ですが、これは幼児を表していきます。オシャレにすることがキーです。

　周りからおしゃれだねと言われるように心がけてみましょう。

　沐浴という字が入っている人ですが、これは少年を表しています。趣味でもいいので、何か芸術的な絵とか音楽などやってみるといいです。周りから、ロマンチックなところがあるんだねと言われるようになればなおいいでしょう。

　冠帯という字が入っている人ですが、青年という意味を表しています。とにかく華やかさを意識してみるといいでしょう。

建禄という字入っている人ですが、これは壮年を表しています。とにかく仕事でも趣味でも何でもいいので、コツコツ積み上げていく意識が、運気アップのキーです。

帝旺という字が入っている人ですが、これは頭領を表しています。

人に何か特技があるかと聞かれたとき、何かあるようにしておくことがキーです。

衰という字が入っている人ですが、これは老人を表しています。誰に何を聞かれても知識が豊富だねと思われるくらい勉強しておくことがキーです。

病という字が入っている人ですが、これは病人を表しています。誰からも好かれるようなムードメーカーを目指して行動することがキーです。

死という字が入っている人ですが、これは死人を表しています。神社巡りをすることがキーです。

墓という字が入っている人ですが、これは入墓を表しています。ご自身の先祖のお墓参りをきちんとすることがキーです。

絶という字が入っている人ですが、これはあの世を表しています。人のやらないことで世の中に貢献することがキーです。このように12種類の字が入りますが、この月柱のキーとなることだけでも随分な運気アップにつながります。

ところで、病や死など入っているとよく、「病気になりやすいですか？」「早死にするんですか？」などと言われますが、そんな意味は全くありません。

また、「どの星がいいですか」などと聞かれますが、一長一短ありますので、ご自身の星を最大限活かせば必ず運気アップするようになってますので、ご自身の星を信じて運気アップの行動をとってみてください。

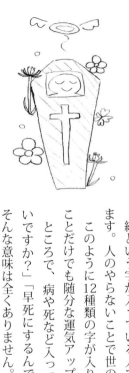

第5章　四柱推命を活かしているのはどんな人

1　四柱推命はある意味外れている⁉

四柱推命は、7割から8割程度の精度で当たる統計学です。なので結構当たるんですが、四柱推命どおりに生きている人は少ないんです。どういうこと？　そう思う人も多いと思います。著名人の方々で少し解説しますと、「なるほど！」と思ってもらえる部分もあるかもです。

ここでご紹介する方々の命式は、第1章でご紹介した鳥海伯萃流四柱推命簡易鑑定の裏面においてURLかQRコードで簡単に出せますので、興味ある人はそちらでご確認をよろしくお願いします。

徳田　虎雄　1938年2月17日生まれ

徳洲会グループの創設者。徳洲会といえば、全国に70の病院、老人ホームや介護施設合わせて340施設を有する巨大グループです。

そんな徳田さんは、四柱推命的には決していいとはいえない命式です。むしろ結構悪いほうです。多分、「何をやってもうまくいかないねといった人生ですね」と鑑定されてもおかしくないですね。簡単にいうと、月柱に絶があるところで、そういうふうに鑑定されてしまいます。

そんな徳田さんは、幼少期時代、鹿児島県の離島、徳之島で弟さんが急変した際、医師に往診しても応じてもらえず、翌朝、弟さんは何の治療も受けられずに亡くなったことをきっかけに、ご自身が医師になること決断し、前記のような素晴らしい功績を残されています。

おそらく、世の中の人に辛い思いをさせたくないと思い、並々ならぬ努力をされたのでしょう。

南場　智子　１９６２年４月21日生まれ

株式会社ディー・エヌ・エーの創業者。ディー・エヌ・エーといえば、モバイルゲームで有名になり、今ではプロ野球チーム、プロバスケチームのオーナー会社でもあり、大きな会社になっています。

南場さんは、これだけの大きな会社の経営者向きなのかというと、決して経営者向きではなく、どちらかというと主婦向きかもしれません。

結婚にも恵まれそうなので、「いい結婚相手を見つけてみたらいいと思いますよ」なんて鑑定されそうです。簡単に言うと、強い星がないので、そう思われて鑑定されてもおかしくないですね。

そんな南場さんは、とても優秀で、ハーバード大学のＭＢＡも取得されていたり、学生時代とても優秀だったようです。

おそらく、大事な部分で負けず嫌いな星をお持ちなのと、社会貢献に重点を置くといいという星もお持ちで、最大限の力を発揮をされて、今の地位を手に入れられたのだと思います。

稲盛　和夫　１９３２年１月21日　生まれ

京セラ・ＫＤＤＩ創業者。ＫＤＤＩといえば、誰もが知ってる通信会社の１つですね。稲盛さんも、四柱推命的に見て、そんな大きな会社のトップになりそうかというと、そんな感じは全くなく、本当はお医者さんとかに向いていそうですねという感じです。実際、稲盛さんは、入学は医学部を受けたそうですが、最終的にはそちらの道には進まなかったそうです。

幼少期は、大変泣き虫で、小学校に入学当初は1週間近く母親に連れられて通ったそうです。これは、月柱に養という星があり、きっと甘えん坊だったのだと思います。

さらに、中学受験は2度の失敗、重い病気にかかったりと、とにかく思いどうりにいかない幼少期から青年期でした。これは、日柱の辛の影響が大きいのかなと思います。辛い思いや人より苦労が大きい人が多い傾向にあります。

稲盛さんは、経営者と尊敬している松下幸之助さんの影響も大きく、四柱推命的な相性を見ても、影響を受けるといいということは出ています。松下幸之助さんの政経塾に倣って、盛和塾という全国に優秀な経営者をつくり出す塾を起こし、世の中に貢献する経営者たちを多く排出されています。

京セラ時代は、1度も赤字を出したことのない素晴らしい会社をつくり上げ、日本航空（ＪＡＬ）をわずか3年で再上場させた立役者です。人一倍の想いがないとこんな偉業は成し遂げれないと思います。

稲盛さんは、四柱推命鑑定だけではとても予測しづらい功績を残した方と言えます。

このように、たくさんの人たちが、四柱推命をいい意味で外してくれていると言った感じです。

ですから、ここでは、四柱推命をうまく活用していっている人たちは何をしているのか、どのように運を引き寄せているのかについて、引続き触れていきたいと思います。

2　成功者は見えない力を大事にしている人

運を引き寄せている

成功者ってどんな人でしょうか。私は、一言でいうと運のいい人だと思っています。

運がないと、何も始まらないですよね。どんな能力高くても、運がなければ、自分の本来の生き方はできないと思います。

成功者は、自然に運のよくなるようなことは取り入れてますし、目に見えない世界が大きいものだということは感じており、それをわかっています。

成功者は、神社参りは必ずといっていいほどやっています。私は、毎月、氏神様と守り神が出雲神社なので、出雲神社の分院には行っています。

よくご自身の氏神様がわからないという方がおられますが、Googleなどで神社庁と検索してそちらにご自身のお住まいの地域の管轄のところに電話し、正確な住所を伝えれば教えてくれます。

お参りするのは、毎月、1日と15日の朝6時から7時が理想です。その時間が厳しければ、午前中に行ってください。毎月お参りをすると、流れは間違いなく変わります。定期的に行っておかげ参りなどしたりすると、拝んでいるときなどに風が吹いて、神様がご挨拶してくれることもあります。

お賽銭は、ご縁がありますように5円とかではイマイチだと思います。まして最近ではお賽銭すら入れない人も結構いるようです。せっかくご挨拶にきているに非常にもったいない話です。

成功者の人は、使うべきところはわかってますので、当然ですがそんなことはしません。前章でご案内したご自身の運気アップの数字に関連させて、理想は0を3つくらいつけて入れられることをおすすめします。

今は金銭的に厳しいという人でも、0を2つくらいはつけたお賽銭がよろしいかと思います。つまり、小銭でいうと100円以上がいいと思います。やはり、ご自身を守ってくれている神様をお世話してくれている人たちへの感謝の気持ちなんで、そのほうがいいと思います。

ご自身のお住まいに塩を置いていたりすることも大切です。私は、毎月1日に新しい塩に変えています。塩は、大昔から目に見えないものへの神聖なものとして扱われているものです。もちろん、住んでいる場所はとても大事ですからそういうことやっています。トイレや玄関周りも必ず綺麗にされてますよね。自分もやっていて、感謝の気持ちを常に忘れないようにすることで、運を引き寄せてくるのだと思います。

3　持って生まれた才能を開花できる人

人はそれぞれ才能は持っている

よく鑑定のときや授業をするときに言いますが、人は生まれてきたらいずれ死にます。これだけは絶対です。それと同時に、絶対に才能や使命を持って生まれてきています。

ただし、それが開花できている人は少ないかもしれません。著名人を勝手に鑑定したりしますが、才能を開花された若者といえば最近ですと将棋界の藤井聡太（２００2年7月19日生まれ）さん。

彼は、14歳でプロ入りし、公式戦連勝記録を樹立し、先日、17歳という若さで初タイトル「棋聖」を取り、「王位」のタイトルもすぐに獲得、最年少二冠という素晴らしい才能を発揮されました。

藤井さんは、年柱に劫財＋帝旺という星を持っていて、簡単に言うと、若い頃（29歳まで）に成果を上げやすいのです。とはいえ、藤井さんのように同じ星を持っている人はたくさんいるとは思いますが、思うような成果が出てない人も多いでしょう。

特に若い頃は、育った環境などによって大きく左右もされます。しかし、基本的に成人してからは、ご自身で出会う人、行動は選択できます。なので、本来の才能を開花している人は、運気アップして、とにかく世の中の人たちに感動や勇気を与えるなど、何か役に立ちたいと強く思っているだけなんです。

相性は必ず観るべき

よく私のところに相談にこられるのは、旦那様と別れたい、彼氏と付き合うかどうか迷っている、彼氏と結婚するかどうか迷っているなど、人との関わりの問題が一番多いです。

もちろん、縁があって出会っているので、何か意味があるのだと思います。基本的に、離婚はおすすめはしませんが、お互いが才能を生かせる別れだなと判断したときは、それも1つの選択肢として入れますね。

例えば、その人の力を遮るほどの束縛が物凄く酷かったり、DVが凄かったりするケースがありますので、そういう場合には本来の生き方ができづらいかもです。

他には、「ある人と付き合おうか迷っているんですが、他に好きな人がいるんです」と言ったケース。好きという感情は、四柱推命では見えないです。なぜ好きなのかはわからないです。それを優先することはとてもいいことだと思いますが、一時的な感情で運命かって思っても、そうでない場合が多いので気をつけたほうがいいですね。

自分に想いがあり、行動が伴っている人との相性は、必ず観たほうがいいです。もしかすると、今自分が気づいてないだけのことかもしれませんので。

このように、四柱推命を使えば、最短距離で運気アップし、出会いも変わり、基本的に自分に必要な人としか出会わなくなります。その結果、才能を開花できる可能性が出てくるんです。

4　リーダーシップが発揮できる人

皆リーダー

皆リーダーって言うと首を傾げる方がいるかもしれませんが、皆何かしらのリーダーです。会社経営をされていたら会社のトップはもちろんですし、主婦であればご自身の家庭での食事リーダーだったり、買い物リーダーです。サラリーマンやＯＬも、何かしらのリーダー役についていたり、ご自身のプライベートな部分で何かしらリーダー的な役割も持っています。

第３章でお話したように、個々の特性を生かした人がリーダーシップを発揮できるんです。

例えば、鳥海師匠は、丙ですので、まさにたくさんの人を照らす素敵な太陽で、カリスマ性が高いリーダーです。私は、癸ですので、常に私が一番にならないようにサポートに徹することを意識してます。

したがって、鳥海師匠を立てつつ、四柱推命に関わりがある人たちをいい人生になるようにリーダーとして巻き込んでいきます。

成功するためには、リーダーシップというのはとても大事な要素の１つだと思います。仕事でも、結婚でも、恋愛でも、基本的にリーダーシップが取れる人がいいですよね。

たまに恋愛では、ダメ男みたいな人が好きな人がいますけどね（笑）。ご自身との相性もよく、居場所があって、リーダーとしても特性を存分に発揮できているパターンが多いです。今は、女性も活躍できる時代なので、男性が家のことを守れる特性を持っていて、女性が外で稼いで家庭を守るというパターンもありだと思います。

ご自身の特性、いい部分をしっかり生かせば、自然と自信がつき、リーダーシップが発揮できてしまうのです。

5　楽しく笑って過ごす人

ゆとりも持って過ごす大事さ

「笑う門には福来る」ということわざがありますよね。やっぱり、笑顔が多い人がいいですよね。笑福亭鶴瓶さんみたいに、笑いじわが結構出てるくらいがいいと思います。

四柱推命の命式のいいところ生かしている人は、ゆとりがある人が多いです。自分のやりたい仕事に励み、皆に役に立つことをしています。

ゆとりがない人が、現代社会では多いのではないでしょうか。日頃の生活に追われ、日々の生活に埋没し、そして自分のことすらもわからなくなってしまう。最近は、若めの活躍されている芸能人の自殺も多いですよね。一般的に、周りからは、成功者と思われているんじゃあないでしょうか。

とても便利な世の中になってしまい、ネット環境があれば家にいるだけで何でもできてしまう感じです。電車でもスマホのゲームなどをしている人も多いです。楽しいですし、ストレス解消にもなるでしょうから、悪いことではないですが、そこに依存ばかりしていては、本来の自分を見つけることもできず、ゆとりも生まれづらいでしょう。

私も、以前は、電車でよくゲームをしてましたし、とにかく仕事、仕事とスケジュールを日々埋めることがいいことだと思っていました。ただ、1年中ほぼ毎日のように仕事に明け暮れていたときに、思う成果に結びつかず疲れていたことがありました。

そんなとき、ある経営者に「そんなただがむしゃらに動いていても笑顔がないと成果に結びつかないよ」と言われ、そこから少しずつ笑顔でいれるようになるにはどうしたらいいのか考えて、ゆとりを持つためにスケジュールを無駄に入れないようにしました。すぐには全部変えることはできませんでしたが、徐々に改善していき、今では月初の時点ではスケジュールは半分以上が空白です。

そんなの不安だと思う人も多いと思いますが、やってみればわかりますが、ゆとりが生まれたら自然と大事なスケジュールは後から埋まります。また、ゆとりができた分、空いている時間にボーっとしたりもできます（笑）。

私の知っているある保険の営業マンは、ほぼ毎日働いてます。売れっ子なのでお給料はいいですが、他はどうなのかなと思っています。片やいつも海外に行ったり、ゴルフを楽しんだり、まあ、今はコロナ時代で海外には行けず暇そうですが（笑）。

どっちがいいというわけではないんですが、お金はとても大事ですし、私も大好きですが、お金だけが人生ではありませんから、それ以外のことにはゆとりがなくては笑いも少ないように思います。

これからの時代は、とにかく遊びを大事にしたほうがいいです。女遊びや男遊びはほどほどに（笑）。ここでいう遊びは、大人のゆとりのある人ができる遊びですね。例えば、ゴルフ、テニス、スキー、カラオケなど、あと料理もゆとりがいりますよね。鳥海師匠は、これらを網羅しておられ、そういうところも本当に尊敬しています。私も見習って、すべてお付合い程度は楽しめるように努めています。

ゆとりがないときは、四柱推命との関わりがない時期だったのでわからなかったのですが、今思えば、空回りの時期でもありました。まずゆとりがないと心から笑うことは厳しいと思います。

今の生活も大事だと思いますが、未来に笑って過ごせるように、少しでもゆとりを持って過ごされることをおすすめします。

6 偶然はないと信じている人

すべての出会いは必然

生きていれば、いろいろな人と出会います。しかし、それが、必ずしもあなたにとって素敵な出会いばかりでないことが多いです。

私は、今は四柱推命ができますので、人と付き合うに当たって必ず相性は観ます。よく「相性がよくなかったら、仲よくしないんですか」と聞かれますが、悪いとわかった上での付合い方をします。

もちろん、特別な、一生を左右するような相性であれば、かなり重点的に付き合います。ただし、一般的な人は、そんな専門的に観る人はまずいないと思います。せいぜい血液型くらいですかね（笑）。血液型がこんなに盛り上がる国も珍しいみたいですがね。

世の中の出会いは、すべて必然です。１人ひとりが、偶然ではない感謝の出会いなんだと感じることで素晴らしい運気に変わってきます。

中には、あなたにとってとてつもない損害を引き起こすような出会いだった人もいると思います。私も、以前、身内から裁判を起こされたことがあります。何なんだこの人たちはと思ったりもしました。もちろん、そのときはとても嫌な思いをしました。しかし、今では普通に和解し、時々会ったりもしています。裁判ってこんな大変なんだ、いい経験をしたと思えています。

まずは、出会えたことや、いろいろな経験をさせていただいたことに感謝です。もちろん、過去には戻れませんので、「過去のあのときにあーしておけば」というようなことも今は思いません。

意味がありますので、出会って起きた出来事に一喜一憂しないことです。

すべて何かあなたに気づきを与えてくれる出会いです。ましてや、出会って連絡を取り合って、一緒に2人きりでご飯に行ったりするくらいの人って一生に何人いますか？　そんなに大勢はいないはずです。

もっとも、それだけの関係になる人で、相性がどうなのかは気になりますよね。そういうキーの人は、やはり皆さんちゃんと四柱推命などで観ています。どういう意味の人かわかったほうがいいですよね。もちろん、必然なので、何か意味があるんですが、それを解読するのに使っている人は多いです。

ただ、ものすごく直感力があり、すべての出会いに感謝なんだって思えている人は、上手くいくようですが…。

7　感の鋭い人

好きを大事にすることで変わる

感のいい人っていますよね。五感が研ぎ澄まされているみたいな感じですかね。会った瞬間に、何かを感じたりすることってありませんか？　私も時々あります。

ここでは四柱推命とは話が変わりますが、四柱推命で唯一観られないものは前述したように好き嫌いの感情です。

相性では最高なのに嫌い、相性最悪なのにものすごく仲のいい夫婦もいました。もちろん、好きという感情は、素敵な運気アップの感情なので大事にしたほうがいいです。

目安としては、プラスのエネルギーを発している場所や人を好きになることが直感でわかる人がいます。簡単に言えば、愚痴、不平、不満、悪口が多い人を好きにならない傾向にあります。究極は人を愛するというエネルギーが一番強い好きですね。これによって人生が劇的によくなるようになると思います。

ただ、この人を愛することについて、近年ではバーチャルなものが進み過ぎて思わぬ事件に発展したりしています。大体の事件は愛している人のことをあまり考えてないですね。こんなにしてあげているのにわかってくれないとか、1度も会ったことないのに勝手に運命と思い込んでしまったりなど。

こんなことは、ある程度の五感がある人であれば、あり得ないことではあります。

愛する感情は、とても大事です。仕事を愛し、家族を愛し、お金を愛し、世の中のこと愛している感情を大切にしている人ほど、鋭い感が働いてくるのだろうと思います。

8　結果にコミットする人

【図表30　こだわり】

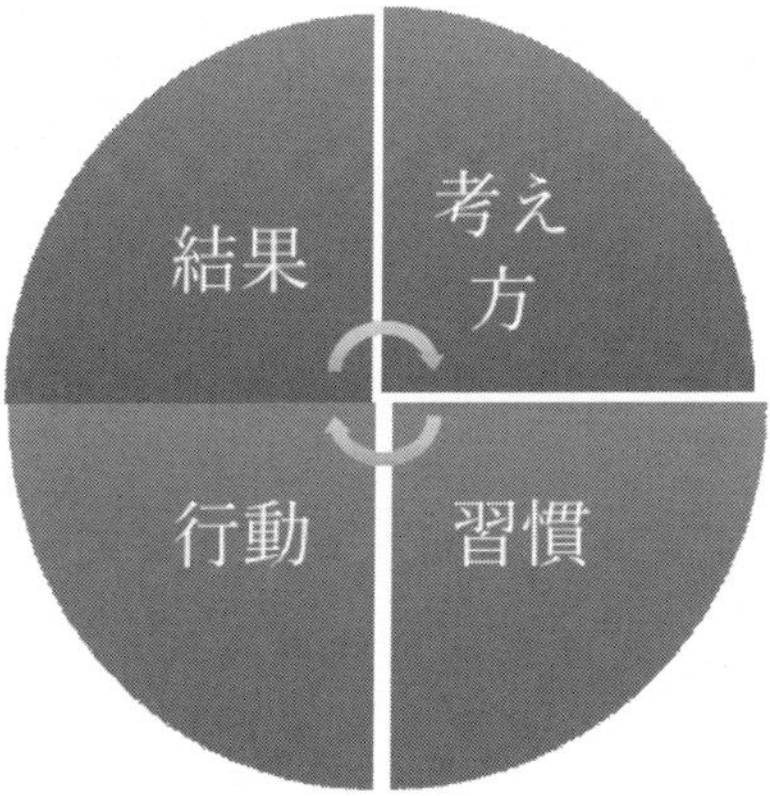

皆頑固

図表30を参考にお話していきます。

世の中の成功者は、こういうルーティーンで日々活動していると成功本などで読んだことはないですか。

成功者って、頑固でわがままなんです。ただ頑固で、こだわる部分が違うんです。図表30のどの部分もとても大事だと思います。

素晴らしい考え方から素敵な習慣に変わり、そして人よりたくさん行動して、いい結果出す。つまり、コミットメントですね。

一時期肉体改造系のテレビCMで話題になった某会社も、結果にこだわるからそこからどうしたらいいかで、たくさんのお客様が喜ばれたのだと思います。

もちろん、1つひとつどこも大事なんですが、一番にこだわっているのは結果。これだけにこだわれば、よい考え方に変わり、よい習慣が生まれ、よい行動すをるという流れです。結果にこだわるということは、その中でいかに失敗や大怪我をしないようにするかということです。結果にコミットしている人は、四柱推命を1つの指標にしている人が多いのはわかりますね。

9　知っているだけで人生が楽しくなる秘密とは

ご自身の取扱説明書

電化製品や家具などについてくる取扱説明書ってありますよね。第2章でも触れていますが、それって最初から最後まで読んで使いますか？　ほとんどの人は見ていないと思います。

もちろん、取扱説明書を見なくても使える簡単なものもあります。しかし、中には取扱説明書を見ないと使いこなせないものもたくさんあったり、改めて見るとこんな使い方あったんだと気づくことも多いと思います。

四柱推命は、まさにこれに似ていると感じています。もちろん、大成功者と言われる人は必ず四柱推命を使っているかというとそうではないと思います。人生は、そんな説明書を読まなくても使いこなせてしまう簡単な電化製品のように単純ではない方がほとんどです。むしろ、単純ではないから楽しいんです。

鳥海師匠は、自分の命式を見たときに、前世との繋がりがすごく大事なんだと思い、自分の前世が何だったのか観てもらい、４人の先生から、「あなたの前世は、いろんなところで活躍した有名な占い師だった」と言われたそうです。さすがに４人からも占い師だったんと言われて、今では信じているそうです。

どちらかというと飽きっぽい性格の師匠が、30年近く同じ業界でやってこられたこと、そして占いを初めてわずか1か月という短期間でレギュラーのテレビ番組を持つことになったりと、ご自身でもびっくりされていることが多いようです。

おそらく前世でやっていたのが本当なのか、時々言葉も降ってくるみたいです。そのおかげで師匠はいつも楽しく過ごされています。

実は、これがきっかけで私も沖縄のユタの先生に前世を見てもらいました。私は、残念ですが占い師ではありませんでした。

江戸時代末期に殿様に使える役人だったとのこと、社会貢献のため当時にしては珍しく職を転々として、武芸の才能がないので医者を目指してみたりしていたそうです。これを聞いたときは、やっぱり社会貢献していくことは自分の使命なのかと参考になりました。

皆さんも、ぜひ前世占いを受けて見てはいかがでしょう（笑）ということではなくて、ご自分をよく知ることによってご自身の楽しみ方がわかるきっかけがつくれるということです。

もちろん、私もフル活用させていただいているおかげで、毎日楽しい日々を送らせていただいております。

第6章　四柱推命を活用して人間関係を良好にし数倍楽しい人生を！

1　神様からのメッセージ～人は成功するために生まれてきている

成功とは

「成功って何ですか？」とよく思ったりしませんか。一般的には、億万長者になったり、有名プロスポーツ選手や有名芸能人などがイメージされたりしますかね。

もちろん、私も、そういう人たちは尊敬しますし、成功者だと思います。ただ、そういうふうにお金を稼いだり、名声を得ないと成功じゃないのかと言われたら、そうではないと思います。

人によって成功の基準は違いますので、成功の仕方は無数にあります。例えば、私の相談者で、専業主婦のままずっといることがすごく不安だと来られた方がいます。

専業主婦は、立派なお仕事ですし、大事な旦那と子供さんのために家を守ってこられた、素敵な成功者だと思います。

今時、専業主婦だけでやりくりができる家庭も少ない中で、不自由なく生活されている方は少ないです。これからは、多くの人にお役に立ちたいと思っているとのことで、四柱推命を勉強されることになりました。

昨年、私は、父親を亡くしました。父親は、世にある一般的な建設関係のサラリーマンで、特に欲もなく、とにかく家族のため、地域のためと奮闘しておりました。その結果でしょうか、葬儀には２００名近くが参列していただき、もちろん70歳という若さでまだまだやり残したことはたくさんあったと思いますが、たくさんの方に見送られて幸せな人生だったと思っています。そういう意味では成功者の１人だと思ってます。

成功の１つの目安としては、今住んでいるところが住みたくて住んでいるところで、楽しく人生が送れているのであればいいと思います。

もし、３年くらい仕方なく住んでいる人は、まだまだなのかと思います。もちろん、家族や子供のためとかで住んでいるならそれはいいと思います。

何か目標があるのに達成できずに、仕方なく同じ場所にいるなら、あなたのステージではない可能性があるので、付き合う人を変えるか、付合い方を変えるしかないです。

これまで説明した開運方法をもとに変えないと、３年後も同じか、もしくはもっと悪化しています。

誰かに何か役に立つ

自分の評価は、自分でもしますが、他人からもされます。周りから、「あなたがいてくれて助かったよ。救われたよ」と言ってくれる人が１人でもいれば、それも成功なんです。

子供の頃から育ってきた環境、そして大人になってからもそれぞれ違いますし、触れてきたものも違います。なので、今さら価値観をどう変えたほうがいいとかは、結構厳しいと思います。もちろん、自分の価値観が絶対なんだというのもある意味正しいですし、その人なりの正義もあると思います。

ただ、神様の存在を信じる人もそうでない人も、人は必ず意味を持って生まれてきているんだということをわかったほうが、楽しい人生になると思います。

人は、必ず誰かに何か役に立つことを伝えるためにそのメッセージが与えられている、そんなヒントが四柱推命の中に隠されていることは間違いないと私は確信しています。

2　恋愛でいい出会いを〜運命の人はご祖先様たちが繋いでくれている

運命ってあるの？

仕事柄やはり恋愛の相談は多いです。いろいろなご相談を受けます。「いつ私結婚できますか？」みたいなのも（笑）。

もちろん、星によって恋愛運がもともとあまりない方や結婚運が低い方はいらっしゃいます。ですが、もともと結婚運がないのに幸せな結婚している人はいくらでもいます。

「この人のこと好きになっていいですか？」なんて相談に来る人はまずいません。「好きなんだけどどうしたいいですか？」「結婚したほうがいいですか？」みたいなのが普通です。中には、「いい出会いなく、今後いい出会いありますか？」というのもあります。もちろん、いい出会いの時期はありますし、出会えます。

先日、具体的にこんな人に出会えますかとご相談されました。高学歴　東京六大学以上、高身長・185センチ以上　高収入・年収2，000万円以上―いわゆる三高ですね。1980年代末の俗語です。

そんな感じの人は、世の中にはたくさんいると思います。ただし、仮に出会って、運命って言えますか？　もちろん、明確な条件を持つことはとてもいいことです。

しかし、その条件だけに縛られていたり、実際に運命の人に出会っていたらスルーしちゃうことになる可能生が高いですね。

私の師匠の知合いの結婚相談所の話ですが、とても素敵な男性がいたそうです。相手は、初婚の方希望だったそうです。しかし、相手の女性は、子持ちでバツイチだったそうです。

「四柱推命の相性はかなりいいから会うだけでも」とのアドバイスに基づき、最終的に会われました。3か月後には結婚することが決まったそうです。

こんな感じのことはよく周りでもあります。

もちろん、理想や希望は大事だと思います。ただし、理想の人が運命の人とは限りません。完璧な人もいません。

例えば、あなたを大事にしてくれ、十分に愛情を注いでくれて、最低限の年収があれば、幸せにはなります。

それに、必ず男性が稼がなければならないなんてこともありません。子供も欲しいとかであれば、年収1，000万円くらいを夫婦で稼ぐようにすれば、それなりに子供には好きなこともさせてあげられます。

田舎暮らしで自給自足でいいならそんなお金も必要ないでしょう。上を見たらきりがありません。

結婚の出会いは御祖先様が繋いでくれている

結婚の出会いは、基本的に御祖先様が繋いでくれているんです。亡くなったご自身のお爺さんがいたとします。そのお爺さんが、孫の結婚相手をあの世で探して、結婚相手を探している別の御祖先さんとよさそうだねと言って会わせてくれているんです。だから、親孝行し、しっかりと先祖供養している人は、必ず運命の人に出会っているんです。

仮に理想があったとしても、理想が高ければ高いほど理想どうり完璧な人はまずいないです。御祖先様がこの人なら大事にしてくれるよと繋いでくれていますから、自分に少しでも気がある人には興味を示したほうがいいです。

付き合う前の過程がトントン拍子でない人もすごくいいと思います。なぜなら、あえてトントン拍子にならないようになっていたりもします。少なくとも御祖先が繋いでくれているのに、それを無視したりして、もっといい人がいるはずだなんて思っていたら、「出会いがなかったんです」ってなってしまいます。

不倫は運命的な出会いではない

最近では、不倫が多いように思います。特に女性が独身で、相手の男性が妻子持ち。

もちろん、魅力的な人は、既婚者が圧倒的に多いです。そりゃーそうですよね。

また、何度も結婚する人も、当然魅力的なので、運命でない人とも結婚しちゃってますから、別れるのも必然ですね。

魅力的な人は、人を引き寄せるパワーも強いので、いい出会いもしています、必然的に勘違いで結婚することも多いんです。

しかし、残念ながら、不倫は大抵運命的な出会いではないです。自分たちが周りに迷惑をかけているケースがほとんどですからね。たまに前世とかの絡みで、お互い結婚しているけど惹かれ合うみたいなのはあるようですが、基本はないです。

なので、運命の人は、既婚者でない人の中に、今までのご自身の開運方法と並行して親孝行や先祖供養していたら現れますね。また、周りの大事な人が亡くなってから3年以内に出会うことも多いです。

したがって、日々の起こることを楽しんで、今まで出会っている人にもしかして運命の人いるかもと思って過ごしてみると、今までとは違った展開が待っているかもしれませんね。

3　仕事で最高のパフォーマンスを発揮する～流れなどを知ることが大事

運の流れはある

会社が10年以上続く確率をご存知でしょうか。6・3％だと国税庁の統計では出ています。

つまり、16社設立されて、10年後には1社しか残らないということです。

この残った1社は四柱推命を使っているのでしょうか。皆がそうではないと思いますが、半数近くは何かを決断することに使っていることでしょう。

お客様のお父様のお話なんですが、天中殺の時期に家を購入し、翌年、急死された上にその家が火事になってしまいました。もちろん、事前にわかっていれば、購入時期を変えるようにアドバイスしたと思うのですが、事後的に私のところに来られて、よくよく観たらそうだったということでした。

流れがあまりよくないとき、大きな動きをすると最悪死ななくていい時期に命を落とすみたいなこともあります。

もちろん、人間なのでいずれ死後の世界には行くんですが、流れに逆らうと悔いが残る死に方だったり、亡くなる時期ではないのに亡くなったりします。

では、どうしたらいいのか。何もしないでとにかくじっとしていたほうがいいのか。

ケースバイケースなんですが、基本的にじっとしていても何も世の中の人のために役に立たないと思いますので、いろいろチャレンジするのがよいですし、しっかりやっていればいいこともよく起きます。

なので、天中殺中だからと言って会社を大きくすることをやめたほういいとか、結婚をやめたほうがいいとかではないのです。

会社大きくする場合、具体的な理由などを聞いた上で、具体的なアドバイスしたり、日を決めたりします。

例えば、ある営業マンが、もともとアポを取るのが苦手なんですと言っていて、先輩と一緒ならアポが取れそうですなどというシーンがあったとします。

そこで無理やりガンガンアポ取りをして、仮にアポが取れても、もちろんいい結果にならないです。

流れが悪い時期は、必ず皆ありますので、そこを知り、どう過ごすのがベストでベターかを１人で模索しても流れはよくなりません。

本当のパフォーマンスを出すには、流れをよくしてくれる人が側にいないことにはよくはなりません。

特に人に関わる仕事の人は、流れに逆らうとほぼ成果は出ないのです。

そんなケースは、たくさん日々見てますので、いかに流れが大事かと痛感しています。

4　体の健康を大事に～自分に合った食事やダイエット法で元気に

健康でなければすべてを失う

健康にも種類があると思いますが、ここでは心身の健康のことについて触れていきます。

四柱推命は、陰陽五行思想がもとになっていますので、それをもとに体のことも知ることができます。

まず最初に、繰返し出てきています簡易版の推命ナビを使って、ご自身の命式を観てみてください。参考にまた私の図表31に基づいて解説していきます。

図表31を見ていただきたいんですが、日柱、月柱、年柱のところに○印がついています。これを木火土金水の陰陽五行で分けると、木0、火3、土2、金0、水1個になります。

このバランスによって、個別のダイエットにいいものなど、さらに摂取し過ぎると体を壊しやすいものがわかります。先にお話しておきますが、極端な摂取は逆にバランスをおかしくしてしまいますので、3食同じものにして他のものを食べないとかは控えるようにしてください。

これからお話する多いというのは、3つ以上ある人のことです。

・木の多い人

肝臓、胆嚢の臓のエネルギーが強い人です。酸味が強いものはバランスが悪くなってしまい、肝

【図表 31　私の鑑定書】

1978年 5月 21日 (10時0分) 生 男性

天中殺	日 柱	月 柱	年 柱	
申酉 子丑	-水 癸未 -土	-火 丁巳 -火	+土 戊午 +火	干支
	20	54	55	
	己	丙	己	蔵干
		偏財	正官	通変星
	偏官	正財	偏官	蔵干通変星
	墓	胎	絶	十二運星
9	5	3	1	運勢エネルギー

臓、胆嚢の動きが強くなり、眼病、ストレス、うつ、下痢などを引き起こすことの原因になるので控え目にしたほうがいいでしょう。

プラスのダイエット効果が期待できるものはコーヒーです。エネルギー循環してくれるものなのでおすすめです。

・火の多い人

心臓、小腸の臓のエネルギーが強い人です。コーヒーは、火を元気にしてしまうため、心臓や小腸に負担がかかり、血液循環が悪くなり、動悸、息切れさらにアレルギー性の鼻炎、花粉症を引き起こす原因になるので、少し控え目にしたほうがいいでしょう。

プラスのダイエット効果が期待できるものは、キャベツ、小豆、大豆、山芋、果物です。これらは、火のエネルギーを土に流し込んでくれるのでおすすめです。

・土の多い人

胃、脾臓の臓のエネルギーが強い人です。果物、麺類は、胃や脾臓を痛めてしまい、耳鳴りやむくみを引き起こす原因になるので少し控え目にしたほうがいいでしょう。

プラスのダイエット効果が期待できるものは、生姜や紅茶、こんにゃく。これらは、土のエネルギーを金に流し込んでくれるのでおすすめです。

・金の多い人

肺、大腸の臓が強い人です。キムチなどの辛い食材は、肺の臓を壊し、アレルギー体質を引き起こす花粉症などを引き起こしますので、少し控え目にしたほうがいいでしょう。

プラスのダイエット効果が期待できるものは、塩麹です。金の多過ぎるエネルギー水に流し込んでくれるのでおすすめです。

・水の多い人

腎臓、膀胱のエネルギーが強過ぎる人です。塩麹、塩分は、水が強い人には劇薬となり、膀胱炎などの症状を起こす原因にもなるので控え目にしましょう。

プラスのダイエット効果が期待できるものは、きのこ、酢の物、トマト。これらは、木のエネルギーに水を流し込んでくれるのでおすすめです。

ここで補足ですが、五行は木↓火↓土↓金↓水↓木というように循環しています。例えば、私のように火が3で循環先の土が2です。仮に土が0であれば、問題なく前述のような流し込んでくれるものが効果的ですが、流れる先が2以上ある場合は、そちら側の効果的なものを併用して摂取するほうがいいでしょう。

このように健康のこともわかりますので、ぜひ活用してください。実に健康は大事です。

友人の知合いにこんな人がいたそうです。財も家族も時間も、周りが満足するくらい手に入れて幸せそうだったのですが、50前半の若さで末期の癌で急死されたのです。健康を失うと本当にすべてが亡くなるなと感じた瞬間です。

前述の食事をたくさん取ったらいいということでは健康は保てません。バランスよく食事を取ってください。ちなみに私も、火が強いからコーヒーを飲まないかというとほぼ毎日飲みます。あまり極端に摂取しなければ問題ありません。

5　経済的な豊かさが手に入る～貧乏神がつかなくなることで豊かに

貧乏神は四柱推命どおり生きている人が苦手

貧乏神って聞いたことはありますか。１度くらいは聞いたことがあるでしょう。

今は、ひと昔前とは時代が変わってきているのは、何となく感じている人も多いのではないでしょうか。数年前の東京大学の入学式での祝辞でも、「努力、頑張るだけが報われる時代ではありません」とも言われました。まさにそうです。ただただ、目標を立てて頑張っていても、一向に豊かにならない人もたくさんいます。

経済的な豊かさは、上を目指せばきりがないですが。人一倍頑張っているのに平均年収に届かないような人もたくさんいます。

それは、貧乏神がついているから難しいんです。貧乏神がついていては、いくら頑張っていても経済的な豊かさは手に入りません。

貧乏神がつきやすい人の特徴ですが、自分の成功に対して信じれないで動いている人、人の不幸を喜ぶ人、助けてくれる人がいるのに1人で頑張り過ぎる人、よく無理、できないなどという言葉は発する人です。

では、貧乏神が仮についていたとしたらどうしたらいいかということですが、簡単です。四柱推命のご自身に合った生き方、出会いをしていけば、貧乏神はそういう人生のメッセージに近い動きをし始めると苦手なので、他の人のところに行ってくれます。

注意ですが、強い貧乏神がついている人は、仲間の貧乏神を引き寄せてしまいますので、絶対に近づかないほうがいいです。

よく聞くのは、「宝くじで1億円以上入ってどうなるのって?」と。もちろん、宝くじを買う人の中にも貧乏神がついている人もたくさんいます。

そんな四柱推命の命式に近い生き方をしてない人とところにそんな大金が入ってきたら、当然、強烈な貧乏神がつくので、不幸になってしまったり、逆に借金まみれになったりするんです。だから、人生お金がじゃあないんだよなんていう人も多いでしょう。

もちろん、それも間違えではないですが、有効な使い方をすれば、命だって救えますし、ご自身の枠は広がります。現代社会では、本来の生き方をするときに経済的豊かさは外せないでしょう。

6　ストレスフリーになる～嫌な人と付き合わないことでハッピーに

付き合う人がわかる

人間誰しも1人くらい苦手な人や嫌いな人はいると思います。私のところに来られる人のほぼ100％は、何かしらの人間関係に悩んでいます。

鳥海師匠が、一時一緒に仕事していた旅行業の方の話です。

私は、てっきり相性がいいのかと思っていました。しかし、見事にかなり付き合わないほうがいいような相性でした。一緒に仕事しても、その企画が白紙になるような関係、まさにそのとおりでした。あらゆる企画はうまくいきません。

師匠は、想定の中で最初からやっているとのことでした。その時期、師匠も天中殺の時期で、何か人助けになればという思いでやっていて、おそらく最初からお金儲けのためではなかったのでしょう。

もちろん、師匠は、最初からわかっていた相性なので、怒ることもなく、全くストレスフリーで企画を楽しんでいらっしゃったのを覚えています。

したがって、私も、最初から相性が微妙だなという人とは関わることはまずありません。特に一緒に仕事などは慎重です。

第2章でもお話しましたが、人生の成功は、一番が結婚相手、次にビジネスパートナーで決まると言われています。「あっ、私の結婚相手は微妙かも」と思った人もいるかもですが、そんな早まって離婚とかしないでくださいね（笑）。ただ、本当にそうだと思います。

人の持っているパワーが出せないのは、結婚相手だったり、周りの仕事のコアな人だったりすることがほとんどです。人生は、選択の連続です。その選択で組む人を間違えたりしたら、もったいないです。

もちろん、何も試練がない人は、1人もいません。ただ、苦労ばかりで本当にやりたいこともできずに過ごす人生よりは、最高のパートナーを見つけ、悔いなく人生をハッピーにしていったほうがいいと思います。

まずは、第3章で説明した干合の人が、嫌いだったり、ピンとこない人の場合は、付き合う時間を長くすることからやってみてはいかがでしょう。一緒に食事に行ったり、遊んだり、もっと仲よくなれれば、泊まりがけで旅行に行ったりしてみるのがいいですよ。

もし、あなたが、会社と自宅を往復するだけの生活で、つまらないと感じているのであれば、まずはご自身の運気アップ行動（第4章で説明しています）で新たな出会いを求めてみましょう。

人生の鍵は、素直に行動することが一番です。そういう人には、きっといい出会いがありますし、既に出会ってます。

7 脳が活性化する～ポジティブな考え方になっていく

ボケ防止やアイデアが浮かぶ

よく人間は、死ぬまでに数％しか脳みそは使われないと言われていますよね。確かにそうかもしれませんよね。

今は、日本は特にそうだと思いますが、ぼーっとしていても、とりあえず生きていける人が、ほとんどだと思います。何か物事を一生懸命考えることもなく過ごしていても、困ることのない人も多いかもです。それが悪いと言うわけではないですが、おそらくそういう状態はあまり本来の四柱推命的ないい生き方ができてないかもですね。

鳥海師匠の実のお母様も占い師でした。残念ながら亡くなられてしまいましたが、すごいことに、亡くなるまで占いの仕事に携われいて、全然ボケていなく、頭はしっかりされていたそうです。享年は91歳です。

一般的に、この年齢の方は、脳がしっかりしてない人が結構いるのではないでしょうか。鳥海流四柱推命では、とにかく目の前の人がどうすれば幸せになれるかを一生懸命考えるので、ボケてる暇もないのかもですね。

脳を使うことは、とてもいいと感じています。特に人がよくなるようなことを、一生懸命考えることが、自分の人生をよくしている人が多いと感じています。まさに四柱推命はそれがしやすいです。

相手のことを本当によくなることを親身になって考えていると、アイデアがどんどん浮かんできます。いいアイデアが浮かぶということは、それだけ集中しているということですよね。

人生を楽しんでいる人って、何かと集中して今を大事に生きてます。もちろん、過去の出来事って大事なんですが、アニメや映画のように過去に帰って過去の出来事を変えるってことはできませんから、今目の前の出来事に対して脳をフルに活用して、どうすればもっといい方向にいくかを考えていくことがとても大切です。

脳を使うことで人生大きくいい方向にもいくものだと思っていますので、ぜひ、人に思いやりが持てるようにしたり、笑顔になってもらうように脳を活性化させていきましょう。

8　潜在能力を活かせる~もともと持っている力を出せる

空間を大事にする

五感を大事にすることがとてもいいことだと思っています。

昔、ある経営者に、目で見る視覚、耳で聞く聴覚、触れることでわかる触覚、味わうことわかる味覚、匂いを嗅いでわかる嗅覚、すべてのものに関わるとき、一流のものに触れたほうがいいと教えてもらいました。

今はわかりますが、そんな高いお金かけて、いい音楽を生で聞きに行ったり、高い食事を食べたり、そんなことして何の意味があるのだろうと、思っていたことを覚えています。例えば、カフェに何をしに行きますか？　当然、コーヒーブレイクなんでしょうが、一般的なカフェと高級ラウンジで飲むコーヒーって何が違いますか。おそらく豆が違うでしょうけど、私は空間を楽しみに行っているのです。食事も半分そうです。

もちろん、美味しい食事を楽しむのに、空間って大事ですよね。飛行機のビジネスクラスや新幹線のグリーン車も、高いお金を払って空間を楽しんでいる人も多いと思います。同じ時間やお金を、使うにしても自分が少しでも成長するために使うことがより自信にも変わっているのではと思います。いろいろなものを見たり、触れている人ほど五感を研ぎ澄まされて行きます。その結果、根拠のない自信に変わってきます。

例えば、あなたは世の中の異性からとても好かれやすいと自信を持って言えますか？　と言われてYESと答える人とNOと答える人どちらもいると思いますが、日本人特有の控え目な性格で圧倒的にNOが多のではと思っています。どちらがいいというわけではなく、いい思込みを自分にどんどん刷り込んでいる人ほど潜在能力を出しやすいということです。

つまり、四柱推命的にも、似たように星が入っていて、自信を持ってもらうようにアドバイスをするとします。素直にできるんだと思ってもらって実行する人と、そんなわけない、私は無理って思うかで180度変わります。

もともと持っている能力を開花する人は、やっぱり素直でいい意味で思込みが激しい方が多いです。そのきっかけに四柱推命は抜群です。ぜひ、2章から3章のご自身の部分を再度、よく見て参考になることはぜひ取り組んで欲しいです。

9 人助けは最高の運気アップ〜人は誰かを助ける役割を持っている

自分の存在価値を大事に

私は、自分で言うのも照れますが、割と必要としてくれている人がいると思っています。思込みかもしれませんが、いい思込みは大事だと思います。

私のところに来る人は、自分に自信がない人がほとんどです。私は、何とか少しでも自信も持って帰ってもらうように心がけています。

たまにあるのが、「自分のやりたいことがわからないんです」と言うコメントです。大抵の人は、本当にやりたいことなんてわからないで過ごしていると思います。ですが、安心してください。必ず、あなたを必要としてくれる人がいるんです。大きな夢を持つことも大事ですが、まずは目の前のことをコツコツとこなして行くことが大事です。

凶悪犯も凶悪犯になるために生まれてきているわけではありません。誰か1人でも必要としてくれている人が見つかり、信じてくれる人がいれば、事件に発展しなかった可能性も高いと思います。人は、何かしらで自分のことを認めてほしいと思って行動しているものです。

だから、まずは、人助けをすることが大事なんです。助けてあげた人が、その人の人生を大きく変えるきっかけになることをたくさんすれば、運気は格段に上がります。もちろん、ボランティア活動も悪いことではないのですが、趣味的に何となくやっている人もしばしばいます。明確な理由があり、心の底から助けたいという気持ちが強いほどよりいいです。

天中殺は動いてはだめなどと一般的にはよく言いますが、じっとしていても運気はよくなりません。とにかく人助けのためにしっかり動くことがいいことです。人によっては、天中殺中にすごくいいことが起きてます。

例えば、元メジャーリーガーのイチローさんは、２００４年に日本のプロ野球、メジャーリーグを通じての通算２０００安打達成。さらに、２０１５年には日本のプロ野球、メジャーリーグを通じて４２５７安打で、通算最多安打の世界記録としてギネスに認定されています。実は、この２つの年はイチローさんにとって天中殺中です。日頃から慈善活動を積極的にやられていて人助けをしっかりされていたので、こういう偉業が残せたのでしょう。

もちろん、イチローさんのようなトップスターみたいには皆が皆はなれません。しかし、あなただから助けられる人は必ずいますので、自分の存在価値を大事に過ごしてください。

10 最後は人間性～あなただからと言われるような魅力的な人間力

逆境はあなたのレベルアップのためのプレゼント

日頃、「性格がいい人だよね」など表面的に言ったりすることは多いのではないでしょうか。人がいいとかは、もちろん言われて嬉しいことだと思います。しかし、「あなただからついて行くんだよ」みたいな、オリジナルな魅力を言われるほうがもっと嬉しくないでしょうか。

よく「双子は全く一緒なんですか？」などと言われます。確かに、四柱推命の命式では、全く一緒です。ただ、その双子が、全く一緒の環境で育ってますかと言われたら、違うと思います。

もちろん、親は一緒なので、学生時代は大きく変わらない環境かもしれませんが、友達、恋人、ビジネスパートナー、そしてその付合いによって起こる出来事は全く違うはずです。なので、付き合う人がすべてと言っても過言ではないのです。その結果で、星もよく出たり、悪い部分が出たりもします。

人間は、何の試練や逆境がないことはまずありません。あっても逆境と思ってない人はたまにいますが、多かれ少なかれ何かしらかの逆境となる出来事は起きます。その起きたときに、どういうふうに乗り越えたかであなたの星のいい部分が出るきっかけになったり、人間性がレベルアップするのだと思います。

基本的に、逆境は、逃げないでチャレンジすることをおすすめします。あなたにとって今必要なことだから起きているんです。解決しない限り、同じようなことは近いうちにまた起こるでしょう。プレゼントは素直に受け取ったほうがいいです。

もちろん、人間なので、失敗することが多いでしょう。星がすごいからと言って、何もしないで周りからすごいなんて言われるようになった人はいません。なので、ぜひ、ご自分の星をより活かして、1人からだけでもあなたが必要だ言われるような人間力を身につけてください。

11　占いに頼らないで〜占いで全部自分の人生を決めない

自立から生まれる幸せ

私のところへ相談に来る人の中に、占いジプシーのような人が時々います。悪いというわけではないですが、おそらくいろいろな人に観てもらって、逆に自分がわからなくなってきてしまっているような気がします。

もちろん、私も、こういうことも生業の1つにしていますので、関係者も結構いますし、参考にすることも時々あります。人は恐怖心から逃れたいという心理が強いようなので、ある特定のものを信仰したり、拝んだり、占い師さんによっては自分のところに来ないと不幸が訪れる的なことを言う人もいます。これはすべて依存です。依存することにより、何かに守られているように錯覚したり、必要とされていると錯覚したりします。

依存から生まれるものに真の成功はないと思ってます。もちろん、信頼するメンターや師匠みたいな人は、そばにいたほうがいいと思います。

以前こんな人がいました。事あるごとに方位取りしたり、にわかの占いの知識で今年は動けないとか、すべて占いに頼って決めていました。もちろん、その方の生き方なのでやめたほうがいいとも言いませんが、周りを振り回している様子がありましたので、あまり周りに迷惑をかけるのもいかがなものかと思っています。

時々「100%当たるんですか?」「絶対なんですか?」などと言われます。絶対はありません。確かに、きちんとした占いは、結構当たります。特に四柱推命は、7～8割は当たります。しかし、それでも参考にするのは2割でいいと思います。

大事なのは、目の前の問題解決をいかにしてあげるかということです。恋愛でも、仕事でも、自分のことばかり考えている人は、どんなに星がよくてもうまくいっていません。占いを2割の参考にして、自立を目指していきましょう。

そして、最終的には、愛が大事だと思います。愛の力は一番強いものです。大事な人を愛することで、四柱推命的ないい人生に変わってきます。

最終的には、無償の愛ができるようになれば、自分だけでなく、多くの人に自立できるサポートができるようになって、きっとご自身の星を生かして、成功して、幸せの真っ最中だと思います。

あとがき

本書を読んでいただき、ありがとうございます。心から感謝いたします。

自分自身の人生にとても興味ある人が読んでくれたと思っています。

よく人生1度きりと言います。仮に1度きりなら、少しでも楽しく生きられたほうがいいと思います。

本書がきっかけで、少しでも人生が楽しくなったという喜びの声があると一層嬉しく思います。

コロナ時代に突入してから本を書き始め、コロナ時代がまだまだ終息してない状況で、どう生きていくかのきっかけをつくれたのではないでしょうか。

私も皆様も、いずれ死後の世界に行きます。今、どうすればもっと楽しくできるか、起こった出来事は変えることはできませんが、自分がよりよく人生を生きたいと思えば、いくらでも誰にでも可能性はあるんです。

こういう時代に突入した今だからこそ、こういう神様的な目に見えないものの大切さを感じている人はいると思いますし、気づいている人もひと昔前より多いのではないかと感じています。

目に見えている世界よりも、目に見えてない世界のほうがかなり大きいのです。コロナも世界のいろいろなことに対して危険信号だったりしているのではないでしょうか。今のあり方の限界に気づいて田舎暮らしでも仕事ができるという自然の大切さなど変わってきてますね。

便利さと引換えに、本来の大切なこと忘れている世の中なっていたのを気づかせてくれていますね。ぜひ、四柱推命的な本来の生き方を取り入れてもらえたら、自然に触れる機会も増えると思います。

本書は、四柱推命関係をきちんと勉強したい人やしてる人にはとても物足りないものになっていると思います。なるべく一般の占いや四柱推命に関わったことのない人に少しでもわかりやすく構成したものになってますので、ご理解のほどよろしくお願い申し上げます。

最後に、本書を書くきっかけをいただいた小山さんからは、たくさんアドバイスをいただき心から感謝いたします。

また、占道協会の杉浦社長には推命ナビの件でいろいろとご足労をおかけしましたことを感謝しております。

そして、何より、私の人生の師匠鳥海先生は、四柱推命のことはもちろん、人生で大事なことや楽しむことをたくさん日頃から教えてくださり、本当に感謝しております。

本書が1人でも多くの人の人生を楽しくできるきっかけになり、自分の可能性に気づいてくれることを願っております。

村岡　寛萃

「推命ナビリンク」のご案内

http://sendo.or.jp/ex/suimei/

※上掲のＱＲコード、ＵＲＬで「推命ナビ（自分の命式が見られる簡易版・無料）」にアクセスし、本編と照らし合わせてください。

※毎月あなたに合う四柱推命バイオリズムから見る「毎日運動手帳」が手に入ります。

著者略歴

村岡　寛萃（むらおか　かんすい）

四柱推命財務コンサルタント。八王子市在住。株式会社 MH21 代表。

1978 年 5 月、山口県生まれ（癸の人）。帝京大学 経済学部中退。

高校生時代に憧れた俳優業を夢見て上京、大学中退後演劇活動 3 年間活動するも鳴かず飛ばず。「どうして、役者には売れる人と売れない人がいるんだろう？」と考えたとき、やはり何よりも「コネが欲しい」と思い、コネにつながりそうな某六本木のホストクラブにプレイヤーとして入店。結果、思いのほか、水商売が面白くなり、俳優業は諦めた。

ひょんなことからホストとして人気者となり、月収も 100 万円を超え、勘違いしていたころ頃に、彼女に妊娠発覚。ここが水商売のやめどきかと足を洗い、人材派遣会社の営業マンになる。

順調に営業も伸びてきていた矢先に、2 人目の子供を出産した妻が突如事故死。2 人の子供を育てていくことに。妻の一周忌が終わってから出会った女性とその後再婚。
33 歳で独立。翌年、株式会社 MH21 設立。順調だった健康食品販売事業も陰りが見え始めた頃に、四柱推命の魅力に気づき、メインの事業として真剣に始めたのが 2016 年。
今では 2000 名を超える鑑定経験と講師として直接教えた弟子のような生徒が 30 名以上でき、順調に活動中。
趣味はゴルフ。現在は父子家庭（高 2 の娘&中 1 の息子）のためもあり、料理も楽しくやれ、セミプロ級になった。

人生のナビ！　四柱推命
—人間関係、仕事、恋愛、健康すべての悩みが解決する

2020 年 12 月 3 日 初版発行　　2021 年 1 月 15 日 第 2 刷発行

著　者　村岡　寛萃　© Kansui Muraoka

発行人　森　　忠順

発行所　株式会社 セルバ出版
〒 113-0034
東京都文京区湯島 1 丁目 12 番 6 号 高関ビル 5 B
☎ 03（5812）1178　　FAX 03（5812）1188
http://www.seluba.co.jp/

発　売　株式会社 三省堂書店／創英社
〒 101-0051
東京都千代田区神田神保町 1 丁目 1 番地
☎ 03（3291）2295　　FAX 03（3292）7687

印刷・製本　モリモト印刷株式会社

Printed in JAPAN
ISBN978-4-86367-624-4